高等职业教育教学质量检测与实践研究

翦象慧 ◎ 著

吉林出版集团股份有限公司

图书在版编目（CIP）数据

高等职业教育教学质量检测与实践研究 / 翦象慧著.
长春：吉林出版集团股份有限公司，2024. 10. — ISBN
978-7-5731-5987-8

Ⅰ. G718.5

中国国家版本馆CIP数据核字第202479QV53号

高等职业教育教学质量检测与实践研究

GAODENG ZHIYE JIAOYU JIAOXUE ZHILIANG JIANCE YU SHIJIAN YANJIU

著　者	翦象慧
责任编辑	曲珊珊
封面设计	林　吉
开　本	710mm×1000mm　　1/16
字　数	180 千
印　张	13
版　次	2024 年 10 月第 1 版
印　次	2024 年 10 月第 1 次印刷
出版发行	吉林出版集团股份有限公司
电　话	总编办：010-63109269
	发行部：010-63109269
印　刷	廊坊市广阳区九洲印刷厂

ISBN 978-7-5731-5987-8　　　　　　　　　　　　　定价：78.00 元

前　言

在当今日新月异的时代背景下，高等职业教育作为培养高素质技术技能型人才的重要途径，其教学质量直接关系到国家经济发展的速度和质量。随着社会对技能型人才需求的不断增加，高等职业教育教学质量检测与实践研究显得尤为重要。

近年来，我国高等职业教育事业蓬勃发展，为社会输送了大量具备专业知识和实践能力的技术技能型人才。然而，与此同时，我们也应清醒地看到，高等职业教育在教学质量上仍面临一些挑战和问题。如何有效地检测和提升高等职业教育的教学质量，成为摆在我们面前的重要课题。

本书正是基于这一背景，对高等职业教育教学质量检测与实践进行了深入探讨。在撰写本书的过程中，我们力求做到理论与实践相结合，既注重理论知识的系统和深度，又关注实践操作的可行性和有效性。希望通过本书的研究，能够为高等职业教育教学质量的提升贡献一份力量，同时也希望能够引起更多学者和教育工作者的关注和思考。

本书在撰写过程中参考和借鉴了一些专家和学者的研究成果，在此表示衷心的感谢！由于作者水平、时间和精力所限，书中不妥之处在所难免，敬请广大专家、读者批评指正，以促使本书的进一步完善。

蒉象慧

2024 年 6 月

目　录

第一章　教学质量检测的基础理论

第一节　教学质量检测的内涵与意义

一、教学质量检测的定义

教学质量检测，作为教育评估领域的重要组成部分，是指对教育过程中教学工作的质量进行系统的、全面的、科学的检测和评估。其目的是通过收集和分析有关教学的各种信息，以评估教学质量是否达到预期目标，为教学改进提供依据和指导。本节将从四个方面深入分析教学质量检测的定义。

（一）教学质量检测的系统性

教学质量检测的系统性体现在其对整个教学过程的全面覆盖和深入分析上。首先，它需要对教学目标的设定进行审视，检查其是否符合教育政策、行业需求和学生发展需求。其次，教学质量检测需要关注教学计划的实施情况，包括教学内容的选择、教学方法的运用、教学资源的配置等。最后，教学质量检测还需要对学生的学习效果进行评估，以检验教学是否达到了预期的目标。这种系统性的检测能够确保教学质量检测的全面性和准确性。

教学质量检测的系统性还体现在其使用的评估工具和方法上。它需要运用多种评估工具和方法，如问卷调查、课堂观察、学生作业分析等，以获取全面、客观的教学信息。同时，这些评估工具和方法还需要经过科学的设计和验证，以确保其有效性和可靠性。

（二）教学质量检测的全面性

教学质量检测的全面性体现在其评估内容的广泛性和多样性上。它不仅仅关注教师的教学能力和学生的学习效果，还关注教学资源的配置、教学环境的营造、教学管理的规范等方面。这种全面性的检测能够全面反映教学质量的全貌，为教学改进提供全面的指导。

同时，教学质量检测的全面性还体现在其评估对象的多样性上。它需要对不同层次、不同类型、不同学科的教学进行评估，以确保评估结果的广泛性和代表性。这种多样性的评估对象能够更好地反映教学质量的全貌，为教学改进提供更加全面的指导。

（三）教学质量检测的科学性

教学质量检测的科学性体现在其评估过程和结果的科学性和客观性上。首先，教学质量检测需要遵循科学的评估原则和方法，如客观性、公正性、有效性等。其次，它需要使用科学的评估工具和方法，以确保评估结果的准确性和可靠性。最后，教学质量检测还需要对评估结果进行科学地分析和解释，以揭示教学质量存在的问题和改进的方向。

在评估过程中，教学质量检测需要避免主观性和偏见的影响，确保评估结果的客观性和公正性。同时，它还需要对评估数据进行科学的处理和分析，以揭示教学质量存在的问题和改进的方向。这种科学性的评估过程和结果能够为教学改进提供更加准确和可靠的指导。

（四）教学质量检测的目的性

教学质量检测的目的性体现在其明确的目标和结果应用上。首先，教学质量检测需要明确评估的目标和目的，以便为教学改进提供明确的指导。其次，它需要将评估结果应用于教学实践中，以改进教学质量和提升教学效果。这种目的性的评估能够确保教学质量检测的有效性和实用性。

同时，教学质量检测的目的性还体现在其对教育政策的响应和推动上。它需要根据教育政策的要求和行业的发展趋势，调整评估目标和内容，以推动教学质量的持续改进和提升。这种目的性的评估能够更好地适应时代发展的需要，为教育事业的发展提供有力的支持。

二、教学质量检测的目的

教学质量检测作为教育领域中至关重要的环节，其目的不仅在于对教学过程和结果进行评估，更在于促进教育的持续改进和发展。以下从四个方面深入分析教学质量检测的目的：

（一）确保教学质量的持续提升

教学质量检测的首要目的在于确保教学质量的持续提升。通过对教学过程的全面评估，能够发现教学中存在的问题和不足，从而为教师提供改进的方向和策略。这种检测不仅能够促进教师个体的专业成长，还能够推动整个教学团队的教学水平提升。通过持续的检测和改进，教学质量能够得到不断提高，满足社会对高质量教育的需求。

最后，教学质量检测还能够促进教学资源的优化配置。通过对教学资源的评估，能够发现资源配置中存在的问题和不足，从而为学校提供改进的建议和方案。这种检测能够确保教学资源得到充分利用，提高教师教学效率和效果。

（二）保障学生的学习效果

教学质量检测的另一个重要目的在于保障学生的学习效果。学生是教学的主体，他们的学习效果是衡量教学质量的重要标准。通过对学生学习效果的评估，能够发现学生在学习过程中存在的问题和困难，从而为学生提供有针对性的帮助和支持。这种检测能够确保学生得到高质量的教育，提高他们的知识水平和能力素质。

同时，教学质量检测还能够促进学生的全面发展。通过对学生综合素质的评估，能够发现学生的优势和潜力，为他们提供个性化的培养方案。这种检测能够促进学生在知识、能力、情感等方面的全面发展，为他们的未来发展奠定坚实的基础。

（三）推动教育教学的改革与创新

教学质量检测还具有推动教育教学的改革与创新的目的。随着社会的不断发展和变化，教育教学也需要不断适应新的需求和挑战。通过教学质量检测，可以发现教育教学中存在的问题和不足，为改革和创新提供方向和动力。这种检测能够推动教育教学的不断改进和创新，提高教育的适应性和竞争力。

同时，教学质量检测还能够促进教育教学的交流和合作。通过检测结果的分享和交流，不同学校、不同学科、不同教师之间可以相互学习和借鉴，共同推动教育教学的进步和发展。这种交流和合作能够拓宽教育教学的视野和思路，为教育的创新和发展提供新的思路和动力。

（四）促进教育公平与质量的均衡发展

教学质量检测的最终目的在于促进教育公平与质量的均衡发展。教育公平是社会公平的重要组成部分，而教学质量则是教育公平的重要体现。通过教学质量检测，可以发现不同地区、不同学校、不同学科之间在教学质量上存在的差异和不足，为政府和教育部门提供改进的建议和方案。这种检测能够促进教育资源的均衡配置，提高教育的普及率和质量水平，缩小不同地区、不同学校之间的教育差距，实现教育公平与质量的均衡发展。

同时，教学质量检测还能够促进教育质量的持续改进和提升。这种提升不仅能够满足社会对高质量教育的需求，还能够提高教育的国际竞争力，为国家的繁荣和发展提供有力的支持。

三、教学质量检测的重要性

教学质量检测在教育领域中扮演着至关重要的角色，其重要性不容忽视。以下从四个方面深入分析教学质量检测的重要性：

（一）提升教学质量与保障教学效果

教学质量检测的重要性在于提升教学质量和保障教学效果。通过系统、全面的检测，可以准确评估教学活动的质量和效果，发现存在的问题和不足。这种评估结果为教师提供了改进教学的依据，促使他们调整教学策略、优化教学内容，从而不断提升教学质量。同时，教学质量检测还能激励教师积极探索和创新教学方法，以满足学生的学习需求，提高教学效果。

教学质量检测的重要性还体现在对学生学习效果的关注上。学生的学习效果是衡量教学质量的重要指标之一。通过检测学生的学习成果，可以了解学生对知识的掌握程度、技能的应用能力以及情感态度的发展状况。这不仅有助于教师了解学生的学习情况，还能为学生提供针对性的学习指导，帮助他们更好地掌握知识、发展能力。

（二）促进教育资源的合理配置与优化

教学质量检测在促进教育资源的合理配置与优化方面也具有重要作用。通过检测不同学科、不同课程、不同教师之间的教学质量差异，可以发现教学资源分配中存在的问题和不足。这有助于学校和教育部门根据检测结果，调整教学资源配置策略，优化教学资源结构，确保教学资源的充分利用和高效利用。

同时，教学质量检测还能推动教育资源的共享和交流。通过检测结果的分享和交流，不同学校、不同学科、不同教师之间可以相互学习、相互借鉴，共同提高教学资源的使用效率和效益。这种资源共享和交流有助于打破地域、学科和校际壁垒，推动教育资源的均衡配置和优化发展。

（三）推动教育教学改革与创新的驱动力

教学质量检测是推动教育教学改革与创新的重要驱动力。通过对教学质量的检测和分析，可以发现教育教学中存在的问题和不足，为改革和创新提供方向和动力。这种检测能够激发教师的创新精神和改革意识，推动他们积极探索新的教学方法、教学手段和教学理念。同时，教学质量检测还能为教育政策制定者提供决策依据和建议，推动教育政策的调整和完善。

在推动教育教学改革与创新的过程中，教学质量检测还能够促进教育研究的深入发展。通过对教学质量的研究和分析，可以发现教育教学中的规律和问题，为教育研究提供新的思路和方向。这种研究有助于推动教育科学的进步和发展，为教育教学改革与创新提供理论支持和实践指导。

（四）实现教育公平与可持续发展的基础

教学质量检测在实现教育公平与可持续发展方面也具有重要作用。通过对不同学校、不同地区、不同学科的教学质量进行检测和比较，可以发现教育发展中存在的差距和不足。这有助于政府和教育部门制定有针对性的政策措施，加大对薄弱地区和薄弱学科的扶持力度，促进教育资源的均衡配置和协调发展。

同时，教学质量检测还有助于培养学生的综合素质和创新能力，为他们未来的发展奠定坚实的基础。

四、教学质量检测与教学质量提升的关系

教学质量检测与教学质量提升之间存在着密不可分的关系。这种关系体现在多个方面，共同构成了教育领域中一个动态、循环的改进机制。以下从四个方面深入分析这种关系：

（一）教学质量检测是教学质量提升的前提和基础

教学质量检测是教学质量提升的前提和基础。通过全面、系统的检测，可以准确地了解当前教学的实际情况，包括教学内容、教学方法、教学效果等方面。这种了解是进行教学改进和提升的基础，只有明确了存在的问题和不足，才能有针对性地制定改进措施，实现教学质量的提升。

在教学质量检测的过程中，教师可以获得关于自己教学行为和学生学习效果的反馈。这种反馈是宝贵的资源，能够帮助教师反思自己的教学实践，找出需要改进的地方。同时，教学质量检测还能为教师提供学习和借鉴的机会，通过比较不同教师、不同学科、不同学校的教学质量和效果，教师可以发现优秀的教学方法和策略，从而提升自己的教学水平。

（二）教学质量检测为教学质量提升提供方向和动力

教学质量检测不仅为教学质量提升提供了前提和基础，还为教学质量提升提供了方向和动力。通过对教学质量的检测和分析，可以发现教学中存在的问题和不足，从而明确改进的方向和目标。这种方向性的引导能够使教师更加有针对性地开展教学工作，避免盲目性和随意性。

同时，教学质量检测还能够激发教师改进教学的动力。当教师了解到自己的教学存在的问题和不足时，会产生改进的动力和紧迫感。这种动力能够推动教师积极寻求改进方法、探索新的教学策略，从而不断提升自己的教学水平。

（三）教学质量提升是教学质量检测的目标和归宿

教学质量提升是教学质量检测的目标和归宿。教学质量检测不是为了检测而检测，而是为了发现问题、改进教学、提升质量。因此，教学质量提升是教学质量检测的最终目的和归宿。

通过教学质量检测，教师可以了解自己在教学中存在的问题和不足，进而制定改进措施并付诸实践。这些改进措施的实施将有助于提高教学质量和效果，实现教学质量提升的目标。同时，教学质量提升还能够增强学生的学习体验和学习效果，为学生的全面发展奠定坚实的基础。

（四）教学质量检测与教学质量提升相互促进、循环发展

教学质量检测与教学质量提升之间存在着相互促进、循环发展的关系。一方面，教学质量检测为教学质量提升提供了前提和基础、方向和动力。另一方面，教学质量提升又是教学质量检测的目标和归宿。这种相互促进、循环发展的关系构成了教育领域中一个动态、循环的改进机制。

在这个机制中，教学质量检测不断地发现问题、提供反馈；教师则根据反馈调整教学策略、改进教学方法；学生则获得更好的学习体验和效果；最终实现教学质量的提升。这种循环发展的过程将不断推动教育领域的进步和发展。

教学质量检测与教学质量提升之间存在着密不可分的关系。教学质量检测是教学质量提升的前提和基础，为教学质量提升提供方向和动力；而教学质量提升则是教学质量检测的目标和归宿，与教学质量检测相互促进、循环发展。这种关系共同构成了教育领域中一个动态、循环的改进机制，推动教育质量的不断提升。

第二节 高等职业教育的教学质量特点

一、高等职业教育的特殊性

高等职业教育作为教育体系中的重要组成部分，其特殊性体现在多个方面，这些特性共同塑造了其独特的教育模式和社会价值。以下从四方面对高等职业教育的特殊性进行深入分析：

（一）职业导向性的教育目标

高等职业教育的首要特殊性在于其鲜明的职业导向性教育目标。与传统的高等教育不同，高等职业教育更加关注学生的职业发展和就业竞争力。其教育目标不仅仅是传授知识，更重要的是培养学生的职业技能和职业素养，使其能够迅速适应职场需求。因此，高等职业教育在课程设置、教学内容和教学方法上，都紧密围绕职业岗位的实际需求，注重实用技能的传授和实践能力的培养。这种职业导向性的教育目标，使得高等职业教育在人才培养上更具针对性和实效性。

（二）实践教学体系的完善

实践教学是高等职业教育的重要特征之一，也是其区别于传统高等教育的重要方面。高等职业教育注重实践教学体系的完善，通过实习、实训、实验等多种实践环节，使学生能够将所学知识应用到实际工作中，提高解决实际问题的能力。这种实践教学体系不仅培养了学生的动手能力，还增强了学生的职业素养和团队协作能力。同时，高等职业教育还与企业合作，共同开展实践教学活动，使学生能够在真实的职业环境中学习和实践，更好地了解行业发展趋势和用人需求。这种完善的实践教学体系，使得高等职业教育在人才培养上更具实践性和创新性。

（三）教师队伍的专业化

高等职业教育的教师队伍具有高度的专业化特点。为了保证教学质量和人才培养质量，高等职业教育注重教师队伍的建设和培养。其教师不仅具备扎实的学科知识和教学理论基础，还具备丰富的行业实践经验和职业素养。这些教师能够将自己的实践经验和行业知识融入教学中，为学生提供真实、实用的教学内容。同时，高等职业教育还积极引进行业专家和优秀人才，加强与企业、行业的合作与交流，不断提升教师队伍的专业化水平。

（四）与社会经济发展的紧密联系

高等职业教育与社会经济发展之间存在着紧密的联系。随着社会经济的不断发展和产业结构的转型升级，对高素质、高技能人才的需求日益增加。高等职业教育作为培养这类人才的重要基地，其专业设置、教学内容和教学方法都需要紧跟社会经济发展的步伐。同时，高等职业教育还积极与企业、行业合作，共同开展人才培养和科技创新活动，推动产学研深度融合。这种与社会经济发展的紧密联系，使得高等职业教育在人才培养上更具前瞻性和适应性，能够更好地满足社会经济发展的需求。

高等职业教育的特殊性体现在其职业导向性的教育目标、完善的实践教学体系、专业化的教师队伍以及与社会经济发展的紧密联系等方面。这些特性共同塑造了高等职业教育独特的教育模式和社会价值，使其成为推动社会经济发展和人才培养的重要力量。

二、高等职业教育的教学质量特征

高等职业教育在培养高素质技术技能人才方面扮演着重要角色，其教学质量特征是其区别于其他教育形式的关键所在。以下从四个方面对高等职业教育的教学质量特征进行深入分析：

（一）实用性与专业性相结合

高等职业教育的教学质量特征之一在于其实用性与专业性的紧密结合。高等职业教育以培养符合社会需求的高素质技术技能人才为目标，因此在教学过程中，特别强调实用性和专业性的结合。教学内容紧密围绕职业岗位的实际需求，注重培养学生解决实际问题的能力。同时，课程设置和教学内容也具有高度的专业性，确保学生能够掌握行业所需的专业知识和技能。这种实用性与专业性的结合，使得高等职业教育的教学质量更具针对性和实效性，能够更好地满足社会对高素质技术技能人才的需求。

（二）理论与实践相结合

高等职业教育的教学质量特征之二在于其理论与实践的紧密结合。高等职业教育注重实践教学环节，通过实习、实训、实验等方式，使学生能够将所学知识应用到实际工作中，提高实践能力和职业素养。同时，高等职业教育也强调理论教学的重要性，通过系统的理论学习，使学生掌握扎实的专业基础知识和理论体系。这种理论与实践相结合的教学方式，能够使学生更好地理解和掌握专业知识，提高学习效果和人才培养质量。

（三）创新能力与职业素养并重

高等职业教育的教学质量特征之三在于其对学生创新能力和职业素养的并重培养。在知识经济时代，创新能力和职业素养成为衡量人才质量的重要标准。高等职业教育在教学过程中，注重培养学生的创新意识和创新能力，鼓励学生参与科研、创新等活动。同时，高等职业教育也注重培养学生的职业素养，包括职业道德、职业态度、职业行为等方面，使学生具备高度的职业责任感和使命感。这种创新能力与职业素养并重的培养方式，能够使学生更好地适应社会发展和职业需求，成为具备高素质的优秀人才。

（四）持续改进与自我完善

高等职业教育的教学质量特征之四在于其持续改进与自我完善的机制。教学质量是高等职业教育的生命线，也是其区别于其他教育形式的重要标志。因此，高等职业教育在教学过程中，注重持续改进和自我完善，通过教学评估、学生反馈等方式，及时发现和纠正教学中存在的问题和不足。同时，高等职业教育也积极借鉴国内外先进的教学理念和教学方法，不断提高教学质量和人才培养质量。这种持续改进与自我完善的机制，能够使高等职业教育不断适应社会发展需求，提高教学水平和人才培养质量。

高等职业教育的教学质量特征体现在实用性与专业性相结合、理论与实践相结合、创新能力与职业素养并重以及持续改进与自我完善等方面。这些特征共同构成了高等职业教育独特的教学质量和人才培养优势，使其成为培养高素质技术技能型人才的重要基地。

三、技能型人才培养的质量要求

在现代社会，技能型人才的培养已成为国家经济发展和产业升级的重要支撑。对于技能型人才培养的质量要求，不仅涉及技术能力的掌握，还涵盖职业素养、创新能力以及持续学习能力等多个方面。以下从四个方面对技能型人才培养的质量要求进行深入分析：

（一）技术能力的精通与应用

技能型人才培养的首要质量要求是对技术能力的精通与应用。这包括扎实的专业基础知识、熟练的操作技能以及解决实际问题的能力。在技术能力的培养上，应注重理论与实践的结合，通过实习实训、项目实践等方式，使学生能够将所学知识运用到实际工作中，解决实际问题。同时，要关注行业发展趋势和新技术动态，不断更新教学内容和教学方法，确保学生掌握的技术能力符合社会需求。

在技术能力的应用方面，要求学生不仅具备操作技能，还要具备技术应用的能力。即能够将技术应用于实际工作中，提高工作效率和产品质量。为此，需要加强实践教学环节，提供丰富的实践机会，使学生能够在实践中掌握技术应用的方法和技巧。

（二）职业素养的塑造与提升

技能型人才培养的质量要求不仅包括技术能力，还包括职业素养的塑造与提升。职业素养是指从事职业活动所必须具备的素质，包括职业道德、职业态度、职业行为等方面。在技能型人才培养过程中，应注重职业素养的培育，使学生具备高度的职业责任感和使命感。

具体来说，要引导学生树立正确的职业观念，培养良好的职业道德和职业操守。同时，要加强对学生职业态度的培养，使其具备积极向上、勤奋进取的精神状态。此外，还要注重对学生职业行为的规范，使其在工作中能够遵守规章制度，保持良好的职业形象。

（三）创新能力的培养与激发

创新是现代社会发展的重要动力，也是技能型人才培养的重要质量要求。在技能型人才培养过程中，应注重创新能力的培养与激发，使学生具备创新意识和创新能力。

首先，要营造良好的创新氛围，鼓励学生勇于尝试、敢于创新。其次，要加强对学生创新思维的培养，引导学生从多个角度思考问题，寻找解决问题的新方法。再次，要提供丰富的创新实践机会，如科研项目、创业实践等，让学生在实践中锻炼创新能力。最后，还要注重对学生创新成果的肯定和激励，使其更加积极地参与创新活动。通过创新能力的培养与激发，学生可以更好地适应社会发展需求，成为具备高度创新能力的优秀人才。

（四）持续学习能力的构建与发展

随着社会的快速发展和技术的不断更新换代，技能型人才需要具备持续学习的能力以适应不断变化的职业需求。因此，在技能型人才培养过程中，应注重持续学习能力的构建与发展。

首先，要引导学生树立终身学习的观念，认识到学习是一个持续不断的过程。其次，要提供多样化的学习资源和学习途径，如在线课程、学习社区等，让学生可以随时随地进行学习。再次，要注重对学生学习方法的指导，使其掌握有效的学习技巧和方法。最后，还要加强对学生学习效果的评估和反馈，及时发现和纠正学习中存在的问题和不足。通过持续学习能力的构建与发展，学生可以具备不断适应新技术、新岗位的能力，为未来的职业发展奠定坚实的基础。

四、高等职业教育质量与社会需求的匹配度

高等职业教育作为培养高素质技术技能型人才的重要途径，其教育质量与社会需求的匹配度是衡量其成功与否的关键因素。以下从四个方面对高等职业教育质量与社会需求的匹配度进行深入分析：

（一）专业设置与产业结构的契合度

高等职业教育专业设置与产业结构的契合度是评价其与社会需求匹配度的重要指标。随着经济的快速发展和产业结构的不断升级，社会对人才的需求也在不断变化。高等职业教育应紧密关注产业发展趋势，及时调整专业设置，确保所培养的人才能够满足产业发展的需要。

具体来说，高等职业教育需要加强对新兴产业和领域的研究，及时开设与之相关的专业课程，以培养适应新兴产业发展需要的高素质人才。同时，对于传统产业，高等职业教育也应关注其转型升级的需求，通过更新教学内容和教学方法，提高传统专业的教学质量，以适应产业发展的需要。

此外，高等职业教育还应加强与企业的合作，了解企业的用人需求，共同制订人才培养方案，确保所培养的人才能够符合企业的实际需求。

（二）教学内容与职业能力的匹配度

高等职业教育的教学内容与职业能力的匹配度是评价其与社会需求匹配度的另一个重要指标。高等职业教育应注重培养学生的实践能力和职业素养，使其具备从事相关职业所需的基本能力和素质。

在教学过程中，高等职业教育应加强与企业的合作，引入企业的实际案

例和实践经验，使教学内容更加贴近职业实践。同时，高等职业教育还应注重培养学生的创新意识和创新能力，以适应不断变化的市场需求。

此外，高等职业教育还应加强对学生的职业素养教育，培养学生的职业道德和职业责任感，使其具备高度的职业责任感和使命感。

（三）实践教学与职业环境的对接度

高等职业教育实践教学与职业环境的对接度也是评价其与社会需求匹配度的重要方面。实践教学是高等职业教育的重要组成部分，对于提高学生的实践能力和职业素养具有重要意义。

在实践教学环节，高等职业教育应加强与企业的合作，建立稳定的实习基地和实训中心，为学生提供充足的实践机会。同时，高等职业教育还应注重实践教学的针对性和实效性，确保实践教学能够真正提高学生的实践能力和职业素养。

此外，高等职业教育还应加强与职业环境的对接，关注职业发展的新趋势和新变化，及时调整实践教学内容和方法，以适应职业环境的发展需要。

（四）人才评价与市场需求的一致性

高等职业教育人才评价与市场需求的一致性也是评价其与社会需求匹配度的重要方面。人才评价是衡量高等职业教育质量的重要手段，其评价结果应能够真实反映学生的能力和素质。

在人才评价过程中，高等职业教育应关注市场需求的变化，制定符合市场需求的人才评价标准。同时，高等职业教育还应加强对学生职业能力和职业素养的评价，以全面反映学生的综合素质和能力水平。

此外，高等职业教育还应加强与企业和用人单位的合作，共同制定人才评价标准和方法，确保所培养的人才能够符合市场需求。通过人才评价与市场需求的一致性，可以确保高等职业教育所培养的人才能够真正满足社会发展的需要。

第三节　教学质量检测的历史与发展

一、教学质量检测的起源

教学质量检测作为现代教育管理中的重要组成部分，其起源可以追溯到古代教育实践中对教学效果的关注和评价。随着教育理念的演进和教育实践的发展，教学质量检测逐渐形成了系统的理论和方法。以下从四个方面对教学质量检测的起源进行深入分析：

（一）古代教育实践与教学效果的关注

教学质量检测的起源可以追溯到古代教育实践。在古代，教育者为了解教学效果和学生的学习成果，通常会通过考试、测验等方式进行评价。这种评价方式虽然简单，但已经体现了对教学效果的关注和评价意识。随着教育实践的深入，教育者逐渐认识到教学质量检测对于提高教学效果和学生学习成果的重要性，从而推动了教学质量检测的发展。

（二）教育理念的演进与教学质量观的转变

教育理念的演进对教学质量检测的起源产生了深远影响。随着教育理念的不断发展，人们对教学质量的认识也逐渐发生变化。从传统的以教师为中心的教学观念，逐渐转变为以学生为中心的教学观念。这种转变使得教学质量检测更加注重学生的学习效果和个性发展，从而推动了教学质量检测方法的创新和多样化。

近代以来，随着人本主义、建构主义等教育理念的兴起，教学质量检测更加注重学生的主体性和参与性。教育者开始关注学生的学习过程和学习体验，强调学生的自主学习和合作学习。这种教学理念的转变使得教学质量检测更加注重对学生学习过程和学习能力的评价，从而推动了教学质量检测方法的进一步完善和发展。

（三）教育实践的发展与教学评价的需求

教育实践的发展为教学质量检测提供了广阔的应用场景。随着教育规模的扩大和教育内容的丰富，教学评价的需求也日益增长。为了更好地了解学生的学习成果和教师的教学效果，教育管理部门和学校需要采用科学、有效的评价方法对教学质量进行检测。这种需求推动了教学质量检测方法的不断创新和完善。

同时，教育实践的发展也促进了教学质量检测技术的进步。随着信息技术的发展和应用，教学质量检测开始采用数字化、网络化等现代技术手段，提高了评价效率和准确性。这种技术进步为教学质量检测提供了更加便捷、高效的评价工具和方法。

（四）教育政策与法规的推动

教育政策与法规的推动是教学质量检测起源的重要动力。为了保障教育质量和提高教育水平，各国政府纷纷制定了一系列教育政策和法规，对教学质量检测提出了明确要求。这些政策和法规要求学校和教育机构建立科学、完善的教学质量检测体系，对教学质量进行定期评估和监控。这种政策推动使得教学质量检测成为教育管理的重要组成部分，促进了教学质量检测的发展和完善。

同时，教育政策与法规还规定了教学质量检测的标准和要求，为教学质量检测提供了明确的指导方向。这些标准和要求不仅保障了教学质量检测的科学性和有效性，还促进了教学质量检测方法的不断创新和发展。

二、教学质量检测的发展历程

教学质量检测作为教育领域中的一项重要实践活动，其发展历程反映了教育理念的演进、科技进步的推动以及教育实践需求的不断变化。以下从四个方面对教学质量检测的发展历程进行深入分析：

（一）从单一评价到多元化评价体系的建立

在教学质量检测的早期阶段，评价方式往往较为单一，主要依赖于传统的考试和测验来评价学生的学习成果。然而，随着教育理念的演进，人们逐渐认识到单一评价方式的局限性，开始探索更加多元化、全面化的评价体系。

多元化评价体系的建立体现在多个方面。首先，评价内容从单一的学科知识扩展到了学生的综合素质和能力，包括创新能力、批判性思维、合作能力等。其次，评价方法也日趋多样化，除了传统的笔试，还引入了口试、实践操作、项目展示等多种评价方式。此外，评价主体也不再局限于教师，学生自评、同伴互评等评价方式也逐渐被引入。

多元化评价体系的建立，使得教学质量检测更加全面、客观，能够更准确地反映学生的真实水平和教师的教学效果。

（二）科技进步对教学质量检测的推动

科技进步对教学质量检测的发展产生了深远的影响。随着信息技术的迅猛发展，教学质量检测开始采用数字化、网络化的评价工具和方法，大大提高了评价效率和准确性。

首先，数字化评价工具的应用使得数据的收集、存储和分析变得更加便捷。教师可以通过在线测试、电子作业等方式收集学生的学习数据，利用数据分析工具对学生的学习情况进行精准分析，从而更好地指导教学。

其次，网络化评价平台的出现打破了传统评价的时空限制。学生可以在任何时间、任何地点进行在线测试和学习，教师也可以通过网络平台实时查看学生的学习进度和成绩，实现了评价的即时性和互动性。

此外，虚拟现实、人工智能等先进技术的应用也为教学质量检测提供了新的可能性。例如，通过虚拟现实技术模拟真实场景，让学生在虚拟环境中进行实践操作，可以更加真实地反映学生的实践能力和操作水平；通过人工智能技术对学生的学习数据进行智能分析，可以为教师提供更加精准的教学建议和指导。

（三）教育实践需求对教学质量检测的驱动

教育实践需求是教学质量检测发展的重要驱动力。随着教育改革的不断深入和教育实践的不断发展，对教学质量检测的需求也在不断变化。

首先，教育公平和个性化的要求使得教学质量检测需要更加关注每个学生的个体差异和发展需求。这要求评价体系要能够反映每个学生的真实水平和进步情况，为每个学生提供个性化的学习指导和支持。

其次，教育国际化和全球化的趋势使得教学质量检测需要与国际接轨。这要求评价体系要具有国际视野和全球标准，能够反映国际教育的最新理念和最佳实践。

最后，随着终身教育理念的普及，教学质量检测也需要关注学生的终身发展。这要求评价体系要能够关注学生的长远发展需求和终身学习能力的培养。

（四）政策与法规的引导与规范

政策与法规的引导与规范是教学质量检测发展历程中的重要因素。各国政府和教育部门通过制定相关政策和法规，对教学质量检测提出了明确要求和指导方向。

首先，政策与法规要求建立科学、完善的教学质量检测体系。这要求学校和教育机构要建立健全的评价机制、制定科学的评价标准和方法、加强评价结果的反馈和应用等。

其次，政策与法规要求加强教学质量检测的监管和评估。这要求政府和教育部门要加强对学校和教育机构的教学质量检测的监督和评估工作，确保评价活动的科学性和有效性。

最后，政策与法规还鼓励创新教学质量检测方法和手段。这要求学校和教育机构要积极探索新的评价方式和工具，推动教学质量检测方法的创新和发展。

三、教学质量检测的现代趋势

随着教育改革的不断深化和现代教育技术的迅猛发展，教学质量检测作为教育领域的重要一环，也呈现出一些现代趋势。以下从四个方面对教学质量检测的现代趋势进行深入分析：

（一）以数据驱动的教学质量检测

在信息化、数字化时代，数据已经成为教学质量检测的重要支撑。以数据驱动的教学质量检测强调通过收集、整理和分析大量教学数据，以科学、精准的方式评估教学效果和学习成果。这种趋势体现在以下几方面：

1. 数据收集与整合

利用现代教育技术手段，如在线学习平台、智能教学系统等，实时收集学生的学习数据、教师的教学数据以及课程运行数据等，形成全面、丰富的教育数据资源库。

2. 数据分析与应用

运用大数据分析技术，对收集到的教育数据进行深度挖掘和分析，揭示教学过程中的规律和问题，为教学改进提供科学依据。同时，将分析结果应用于教学实践，优化教学内容和方法，提高教学效果。

3. 数据驱动的决策

基于数据分析结果，教育管理者可以更加科学地制定教学政策、评估教学质量、优化资源配置等，推动教育决策的精准化和科学化。

（二）关注学生学习过程的质量检测

传统的教学质量检测往往只关注学生的学习成果，而忽视了学生的学习过程。然而，现代教育理念强调学生的主体性和参与性，要求教学质量检测更加注重学生的学习过程。这种趋势体现在以下几方面：

1. 过程性评价

关注学生在学习过程中的表现，如学习态度、学习方法、学习进度等，采用观察、记录、反馈等方式进行评价，帮助学生及时发现问题并改进。

2. 多元化评价方式

除了传统的笔试、测验等方式外，引入更多的评价方式，如项目作业、实践操作、小组讨论等，以全面反映学生的学习情况。

3. 学生自评与互评

鼓励学生参与评价过程，通过学生自评和互评的方式，增强学生的主体性和参与性，同时帮助学生形成自我反思和自我提升的能力。

（三）强调综合评价的教学质量检测

现代教育理念倡导综合素质教育，要求教学质量检测不再仅关注学科知识，而要强调对学生综合素质的评价。这种趋势体现在以下几方面：

（1）跨学科评价。打破学科壁垒，将不同学科的知识和能力进行整合，以综合评价的方式评估学生的综合素质。

（2）能力与素养评价。关注学生的能力和素养，如创新能力、批判性思维、沟通能力等，通过设计相应的评价任务和评价标准，全面评估学生的能力发展。

（3）情感与态度评价。关注学生在学习过程中的情感态度和价值观发展，通过观察学生的行为表现、情绪变化等进行评价，促进学生的全面发展。

（四）与国际接轨的教学质量检测

随着教育国际化的趋势不断加强，教学质量检测也需要与国际接轨。这种趋势体现在以下几方面：

（1）引入国际评价标准。借鉴国际先进的教育评价理念和评价标准，结合我国实际情况，制定符合国际水平的教学质量评价体系。

（2）参与国际教育评价项目。积极参与国际教育评价项目，如 PISA（Programme for International Student Assessment，国际学生评估项目）、TIMSS（the International Association for the Evaluation of Educational Achievement，国际数学和科学趋势研究项目）等，了解国际教育质量动态和趋势，为我国教育质量的提升提供参考。

（3）培养具有国际视野的评价人才。加强评价人才的培养和培训，提高其国际视野和专业素养，为教学质量检测提供有力的人才保障。

四、未来教学质量检测的发展方向

随着社会的不断进步和教育的深入发展，教学质量检测作为教育领域的重要组成部分，也在不断地演进和变革。以下是未来教学质量检测可能的发展方向，我们从四个方面进行深入分析：

（一）技术驱动的智能化评价

随着人工智能、大数据等技术的快速发展，未来教学质量检测将更加注重技术的运用，实现智能化评价。具体表现在以下几点：

1.数据智能分析

通过收集和分析学生在学习过程中的大量数据，利用人工智能技术深度挖掘学生的学习行为、学习偏好等信息，为教师提供更为精准的教学建议。

2. 个性化评价

基于学生的学习数据，利用算法分析学生的能力水平和学习需求，为每个学生提供个性化的学习路径和评价体系，促进每个学生的全面发展。

3. 自动化评价工具

开发更多自动化评价工具，如智能批改系统、语音识别评价等，提高评价效率和准确性，减轻教师的工作负担。

（二）多元化评价体系的构建

未来教学质量检测将更加注重评价体系的多元化，以全面反映学生的学习成果和教师的教学效果。具体表现在以下几点：

（1）评价内容的多元化。除了传统的学科知识评价外，还将注重学生的综合素质评价，如创新能力、批判性思维、合作能力等。

（2）评价方法的多元化。采用多种评价方法相结合的方式，如笔试、面试、实践操作、项目展示等，以全面评估学生的学习情况。

（3）评价主体的多元化。鼓励学生、家长、社区等多方参与评价过程，形成多元评价主体，提高评价的客观性和公正性。

（三）国际化评价标准的融入

随着教育国际化的趋势不断加强，未来教学质量检测将更加注重与国际接轨，融入国际化评价标准。具体表现在以下几点：

（1）参与国际评价项目。积极参与国际教育评价项目，如 PISA、TIMSS 等，了解国际教育质量动态和趋势，借鉴国际先进评价理念和标准。

（2）引入国际评价标准。将国际先进的评价标准融入我国的教学质量评价体系中，提高评价的科学性和国际化水平。

（3）加强国际交流与合作。加强与国际教育评价组织和机构的交流与合作，共同推进教学质量检测的国际化发展。

（四）注重评价结果的反馈与应用

未来教学质量检测将更加注重评价结果的反馈与应用，以推动教育教学的持续改进。具体表现在以下几点：

（1）建立及时反馈机制。将评价结果及时反馈给教师和学生，帮助他们了解自身的教学和学习情况，及时调整教学策略和学习方法。

（2）深化评价结果分析。对评价结果进行深入分析，揭示教育教学中的问题和不足，为教育决策和教学改革提供科学依据。

（3）促进评价结果的应用。将评价结果应用于教育教学实践中，推动教育教学的持续改进和优化，提高教育教学质量。

第四节　教学质量检测的基本原则

一、客观性原则

（一）事实基础与客观评估

客观性原则强调教学质量检测必须以事实为基础，进行客观公正的评估。这要求检测过程中，评价标准、方法和手段必须客观可靠，避免主观臆断和个人偏见。在评价过程中，应依据实际的教学情况、学生的学习成果和教师的教学表现，进行实事求是的评价，确保评价结果的客观性和真实性。

（二）标准化与一致性

客观性原则要求教学质量检测应具有标准化和一致性。这意味着评价过程应遵循统一的评价标准和程序，确保评价结果的公正性和可比性。同时，评价过程应保持一致性，避免在不同时间、不同地点和不同评价者之间出现差异，以保证评价结果的稳定性和可靠性。

（三）数据支撑与量化分析

在客观性原则下，教学质量检测应依靠数据支撑，进行量化分析。通过收集和分析大量数据，可以客观地反映教学质量的实际情况，揭示教学中的问题和不足。同时，量化分析可以帮助我们更准确地评估教学质量，为教育决策和教学改革提供科学依据。

（四）监督与审核

为了确保教学质量检测的客观性，应建立完善的监督与审核机制。这包括对评价过程、评价标准和评价结果的监督和审核，确保评价活动的公正性和客观性。同时，还应加强对评价者的培训和管理，提高他们的专业素养和道德水平，确保评价活动的专业性和规范性。

二、全面性原则

（一）多维度的评价指标

全面性原则要求教学质量检测应涵盖多个维度和方面，包括教学目标、教学内容、教学方法、教学效果等。通过制定多维度的评价指标，可以全面反映教学质量的全貌，避免单一指标带来的片面性和局限性。

（二）全方位的评价对象

全面性原则还要求教学质量检测应涉及各个层次和类型的评价对象，包括学生、教师、课程、学校等。通过对不同评价对象的全面评价，可以全面了解教学质量的情况，为教育决策和教学改革提供全面支持。

（三）多种评价方法的结合

在全面性原则下，教学质量检测应采用多种评价方法相结合的方式。这包括传统的笔试、面试、实践操作等方法，以及现代的信息技术手段如在线测试、数据分析等。通过结合多种评价方法，可以更全面地反映教学质量的情况，提高评价的准确性和有效性。

（四）注重过程与结果的综合评价

全面性原则强调教学质量检测应注重过程和结果的综合评价。这要求评价过程不仅关注学生的学习成果和教师的教学效果，还要关注教学过程中的各个环节和要素。通过对教学过程和结果的全面评价，可以更全面地了解教学质量的情况，为教育决策和教学改革提供全面支持。

三、科学性原则

（一）基于教育理论和研究

科学性原则要求教学质量检测应基于教育理论和研究的成果进行设计和实施。评价过程中应遵循教育规律和原则，借鉴先进的教育理论和研究成果，确保评价活动的科学性和有效性。

（二）严谨的评价设计和实施

科学性原则强调教学质量检测应具有严谨的评价设计和实施过程。评价设计应充分考虑评价目标、评价对象和评价方法的匹配性，确保评价活动的合理性和可行性。评价实施应严格遵循评价设计的要求和程序，确保评价过程的规范性和严谨性。

（三）持续的改进和创新

在科学性原则下，教学质量检测应不断进行改进和创新。这包括评价标准的不断完善、评价方法的不断创新以及评价技术的不断更新等。通过持续的改进和创新，可以不断提高评价活动的科学性和有效性，更好地服务于教育决策和教学改革。

（四）独立的评价机构和人员

为了确保教学质量检测的科学性，应建立独立的评价机构和人员。这些机构和人员应具备独立性和专业性，能够客观公正地进行评价活动。同时，他们还应接受相关的培训和考核，不断提高自身的专业素养和道德水平。

四、有效性原则

（一）明确的评价目标和标准

有效性原则要求教学质量检测应具有明确的评价目标和标准。评价目标应明确具体、可衡量和可达成，能够反映教学质量的核心要素和关键指标。评价标准应科学合理、具有可操作性和可比性，能够客观地评估教学质量的情况。

（二）实际的教学改进

有效性原则强调教学质量检测应能够实际地推动教学改进。评价活动不应仅仅停留在结果的呈现和比较上，而应通过评价结果的反馈和应用，促进教学过程中的问题发现和解决，推动教学质量的持续提升。

（三）学生的全面发展

有效性原则还关注学生的全面发展。评价活动应关注学生的学习成果和综合素质的提升，而不仅仅是学科知识的掌握。通过全面评价学生的学习和发展情况，可以更好地了解学生的学习需求和问题，为他们提供更有效的教学支持。

（四）持续改进的评估机制

为了确保教学质量检测的有效性，应建立持续改进的评估机制。这包括对评价活动本身的反思和总结，以及对评价结果的应用和反馈的跟踪和评估。通过持续改进的评估机制，可以不断优化评价活动的设计和实施过程，提高评价活动的有效性和实用性。

第二章 高等职业教育教学质量监控与反馈机制

第一节 教学质量监控体系的构建

一、监控体系的目标与原则

（一）监控体系的目标

在高等职业教育领域，教学质量监控体系的目标是多维度且明确的。它旨在确保教育教学的各个环节都能够达到预定的质量标准，从而培养出符合社会需求的高素质人才。具体而言，监控体系的目标可以分为以下几方面：

1. 保证教学质量

教学质量监控体系的首要目标是确保教育教学活动的质量和效果，这包括课程设置、教学内容、教学方法、教学评价等多个方面。通过实施有效的监控措施，可以及时发现教学中存在的问题和不足，并采取相应的改进措施，以保证教学质量不断提升。

2. 提升学生满意度

学生是教学活动的直接受益者，他们的满意度是衡量教学质量的重要标准之一。监控体系应该关注学生的学习体验和学习成果，及时收集学生的反馈意见，并根据学生的需求调整教学内容和方法，以提升学生的满意度。

3. 促进教师发展

教师是教学活动的主体，他们的教学水平和专业素养直接影响教学质量。监控体系应该关注教师的成长和发展，为教师提供必要的教学支持和资源，帮助他们不断提高教学能力和水平，从而推动教学质量的提升。

4. 适应社会需求

高等职业教育旨在培养高素质的技能型人才，满足社会经济发展的需求。监控体系应该关注社会需求的变化，及时调整教学计划和课程设置，确保教学内容与行业需求相衔接，使学生具备适应市场需求的能力和素质。

（二）监控体系的原则

在构建高等职业教育教学质量监控体系时，需要遵循以下几项原则：

1. 系统性原则

教学质量监控体系应该是一个完整的系统，包括教学计划、教学内容、教学方法、教学评价等多个方面。各个环节之间应该相互协调、相互促进，形成一个有机的整体。同时，监控体系应该具有层次性，明确各级监控主体的职责和权限，确保监控工作的有序开展。

2. 目标导向原则

监控体系应该围绕教学目标进行构建，确保各项监控措施都能够服务于教学目标的实现。在制定监控指标和评价标准时，应该充分考虑教学目标的要求，确保评价结果的客观性和准确性。

3. 科学性原则

监控体系应该遵循科学的原则和方法，采用科学的方法和手段进行教学质量监控。同时，监控体系应该注重数据的收集和分析，通过数据来反映教学质量的实际情况和变化趋势，为改进教学工作提供有力支持。

4. 持续改进原则

教学质量监控体系应该是一个动态的系统，需要不断地进行改进和优化。监控主体应该根据监控结果和反馈意见，及时调整监控措施和方法，不断完善监控体系，确保教学质量的持续提升。

（三）监控体系的实施

在实施教学质量监控体系时，需要注意以下几方面：

1. 明确监控主体和职责

教学质量监控体系应该明确各级监控主体的职责和权限，确保监控工作的有序开展。同时，应该建立健全的监控机制，确保监控结果能够及时反馈给相关部门和人员。

2. 制定科学的监控指标和评价标准

监控指标和评价标准应该根据教学目标和行业需求进行制定，确保评价结果的客观性和准确性。同时，应该注重定量评价和定性评价的结合，全面反映教学质量的实际情况。

3. 加强监控数据的收集和分析

教学质量监控体系应该注重数据的收集和分析，通过数据来反映教学质量的实际情况和变化趋势。同时，应该建立数据分析和挖掘的机制，为改进教学工作提供有力支持。

4. 鼓励师生参与和反馈

教学质量监控体系应该鼓励师生参与和反馈，及时收集他们的意见和建议。同时，应该建立师生反馈意见的机制，确保反馈意见能够及时反馈给相关部门和人员，为改进教学工作提供参考。

（四）监控体系的优化与完善

随着教育教学的不断发展和变化，教学质量监控体系也需要不断地进行优化和完善。具体而言，可以从以下几方面进行：

（1）根据教学改革和行业需求的变化，及时调整监控指标和评价标准，确保监控体系与教学改革和行业需求的同步发展。

（2）加强监控技术的研究和应用，采用先进的信息技术手段进行教学质量监控，提高监控的效率和准确性。

（3）加强监控主体的培训和能力建设，提高他们的监控能力和水平，确保监控工作的质量和效果。

（4）建立完善的激励机制和约束机制，鼓励师生积极参与教学质量监控工作，同时约束那些不负责任、影响教学质量的行为。

二、监控体系的结构与功能

（一）监控体系的结构

高等职业教育教学质量监控体系的结构是一个有机整体，它涵盖多个层面和环节，以确保教学质量的全面监控和管理。具体而言，监控体系的结构可以划分为以下几部分：

1.宏观管理层

这一层是监控体系的顶层设计，负责制定教学质量监控的总体方针、政策和标准。它通常由学校的高层领导和相关决策机构组成，负责监控体系的整体规划、决策和指导。

2. 中观执行层

作为监控体系的核心部分，中观执行层负责具体的教学质量监控活动。它包括了教务处、各学院（系）的教学管理部门、教学督导机构等，负责实施教学计划、课程设置、教学检查、教学评价等具体工作。

3. 微观操作层

这一层是教学质量监控的具体执行者，主要由教师、学生以及教学管理人员组成。他们通过参与教学活动、提供教学反馈、参与教学评价等方式，直接参与教学质量监控的全过程。

4. 反馈与改进层

监控体系还需要一个有效的反馈与改进机制，以便及时发现问题、分析原因并采取相应的改进措施。这一层包括了教学质量评估机构、学生信息中心、教学改进委员会等，负责收集、整理和分析监控数据，提出改进建议，并推动改进措施的实施。

（二）监控体系的功能

高等职业教育教学质量监控体系的功能涵盖教学质量管理的各个方面，以确保教学质量的持续提高。具体来说，监控体系的功能包括以下几方面：

1. 导向功能

监控体系通过制定教学质量标准和评价指标，为教学活动提供明确的导向。它有助于教师明确教学目标和要求，学生了解学习目标和期望，从而确保教学活动沿着正确的方向进行。

2. 诊断功能

通过实施教学检查、教学评估等活动，监控体系能够及时发现教学中存在的问题和不足。这些问题可能包括教学方法不当、教学内容滞后、教学资源不足等，通过诊断功能，可以准确识别问题的性质和原因。

3. 激励功能

监控体系通过设立教学奖励机制、提供教学支持和资源等方式，激发教师改进教学的积极性和创造性。同时，它也能让学生感受到教学质量的提升和自身学习的进步，从而增强学习的动力和信心。

4. 调控功能

监控体系通过对教学质量进行监控和评估，能够及时调整教学计划、改进教学方法、优化教学资源配置等。这种调控功能有助于实现教学质量的动态平衡和优化发展。

为了确保监控体系的有效运行，需要建立一套完善的运行机制。这包括明确的监控流程、科学的监控方法、合理的监控周期以及有效的反馈与改进机制。在运行过程中，需要各级监控主体密切配合、协同工作，确保监控活动的有序开展和监控结果的准确可靠。

教学质量监控体系是一个动态的系统，需要不断地进行改进和优化。随着教育教学的发展和变化，监控体系也需要相应地调整和完善。这包括更新监控标准、优化监控方法、拓展监控范围等。同时，还需要加强监控技术的研究和应用，提高监控的效率和准确性。通过持续改进，监控体系能够更好地适应教育教学的需求和发展趋势，为高等职业教育教学质量的提升提供有力保障。

三、监控体系的运行与管理

（一）监控体系的组织架构与职责分配

高等职业教育教学质量监控体系的运行与管理首先需要一个明确的组织架构，以确保各项监控活动能够有序进行。该组织架构应明确各级监控主体的职责和权限，形成一个从上到下、层层递进的管理体系。

（1）顶层设计与规划。由学校教学管理部门负责，负责整体教学质量监控体系的规划、设计、指导与评估。这一层级需要制定教学质量监控的总体方针、政策，明确教学质量标准和评价指标，为各层级监控主体提供指导。

（2）中层执行与监督。由学院（系）教学管理部门和教学督导机构担任，负责具体实施教学质量监控的各项活动。这包括教学计划管理、教学质量检查、教学评价等，同时还需要对教学活动进行日常监督，确保教学活动符合学校的教学质量标准。

（3）基层反馈与参与。教师和学生作为教学活动的直接参与者，应积极参与教学质量监控。他们可以通过提供教学反馈、参与教学评价等方式，为教学质量监控提供第一手资料。

（二）监控流程与标准化操作

为了确保教学质量监控活动的有序性和有效性，需要制定一套标准化的监控流程。

（1）教学计划监控。在学期开始前，对教学计划进行审核，确保教学计划与教学目标、人才培养目标相一致，满足社会需求。

（2）教学过程监控。通过课堂观察、学生作业分析、师生座谈会等方式，对教学过程进行实时监控，确保教学活动的顺利进行。

（3）教学评价监控。制定科学的评价标准和方法，对教师的教学效果和学生的学习成果进行评价，为教学改进提供依据。

在监控过程中，需要遵循标准化的操作流程，确保监控结果的客观性和公正性。

（三）数据收集、分析与反馈机制

教学质量监控体系需要建立一套完善的数据收集、分析与反馈机制。

（1）数据收集。通过问卷调查、学生评价、教师自评等多种方式，收集与教学质量相关的数据和信息。

（2）数据分析。利用统计学、数据分析等方法，对收集到的数据进行分析，找出教学质量中存在的问题和不足。

（3）结果反馈。将分析结果反馈给相关的教学管理部门和教师，为他们提供改进教学的依据和方向。

同时，还需要建立一个定期的反馈机制，确保教学质量监控的连续性和有效性。

（四）持续改进与优化

教学质量监控体系是一个动态的系统，需要不断地进行持续改进和优化。

（1）监控体系的自我评估。定期对教学质量监控体系进行自我评估，找出存在的问题和不足，为改进提供依据。

（2）引入新的监控理念和技术。随着教育教学的发展，需要不断引入新的监控理念和技术，以提高监控的效率和准确性。

（3）加强监控主体的培训和能力建设。通过培训和学习，提高监控主体的监控能力和水平，确保监控工作的有效进行。

总之，高等职业教育教学质量监控体系的运行与管理需要明确的组织架构、标准化的监控流程、完善的数据收集与分析机制以及持续改进与优化机制。通过这些措施的实施，可以确保教学质量监控活动的有序进行和监控结果的客观公正。

四、监控体系的持续改进与完善

（一）持续改进的理念与重要性

在高等职业教育教学质量监控体系中，持续改进的理念是确保教学质量不断提升的基石。持续改进意味着对教学质量监控体系进行定期评估、发现问题、分析原因并采取相应措施进行改进。这种持续改进的循环过程，不仅有助于解决当前存在的问题，还能预防未来可能出现的问题，从而实现教学质量的持续优化。

持续改进的重要性在于，它能够满足不断变化的教学需求和社会需求。随着教育技术的快速发展、教学方法的不断创新以及学生需求的多样化，教学质量监控体系必须保持与时俱进，才能确保教学质量的持续提升。通过持续改进，监控体系可以更加精准地把握教学质量的关键因素，更有效地发现教学中的问题，从而制定出更加科学、合理的改进措施。

（二）问题识别与诊断机制

要实现监控体系的持续改进，首先需要建立一套有效的问题识别与诊断机制。这一机制旨在通过对教学质量监控数据的分析，及时发现教学中存在的问题和不足。问题识别与诊断的过程包括数据收集、数据分析、问题识别和问题诊断四个环节。

在数据收集环节，需要广泛收集与教学质量相关的数据和信息，包括教学计划、教学过程、教学评价等方面的数据。这些数据可以通过问卷调查、学生评价、教师自评等多种方式获得。在数据分析环节，需要运用统计学、数据分析等方法对收集到的数据进行分析，找出教学质量中存在的问题和不足。在问题识别环节，需要根据数据分析的结果，明确问题的性质和范围。在问题诊断环节，需要深入分析问题的原因和影响因素，为制定改进措施提供依据。

（三）改进措施的制定与实施

在识别并诊断出教学质量问题后，需要制定相应的改进措施。改进措施的制定应遵循针对性、可行性和有效性的原则。具体而言，首先，改进措施应针对问题的本质和根源，提出切实可行的解决方案。其次，改进措施应具有可操作性，能够在实际教学中得到有效实施。最后，改进措施应能够显著提高教学质量，达到预期的效果。

在实施改进措施时，需要明确责任人和实施时间，确保改进措施能够得到有效执行。同时，还需要建立监督机制，对改进措施的实施情况进行跟踪和评估，确保改进措施能够取得预期的效果。如果改进措施未能达到预期效果，需要及时调整和改进，直至问题得到有效解决。

（四）监控体系的评估与优化

监控体系的持续改进不仅需要对教学质量进行监控和评估，还需要对监控体系本身进行评估和优化。监控体系的评估与优化是一个循环往复的过程，旨在通过定期评估监控体系的运行情况和效果，发现监控体系中存在的问题和不足，并采取相应的措施进行优化和改进。

在评估监控体系时，需要关注监控体系的组织架构、监控流程、数据收集与分析机制以及改进措施等方面。通过评估这些方面的情况，可以全面了解监控体系的运行情况和效果，发现存在的问题和不足。在优化监控体系时，需要根据评估结果进行相应的调整和改进，包括优化组织架构、完善监控流程、提高数据收集与分析的准确性和有效性，以及改进措施等方面。通过持续的评估和优化，可以不断提升监控体系的运行效率和效果，为教学质量的持续提升提供有力保障。

第二节　教学质量信息的采集与处理

一、信息采集的途径与方法

在高等职业教育教学质量监控中，信息采集是至关重要的一环。它涉及如何全面、准确地收集关于教学过程的各类信息，从而为教学质量的评估与改进提供有力的数据支持。以下从四个方面详细分析信息采集的途径与方法：

（一）教学过程中的直接观察与记录

直接观察与记录是教学信息采集的一种基本途径。在教学过程中，教学管理人员、教学督导人员以及同行教师可以通过听课、评课等方式，直接观察教师的教学行为、学生的学习状态以及师生互动情况。同时，他们还可以利用教学日志、课堂观察记录表等工具，对教学过程进行详细的记录。这种直接观察与记录的方式能够获取到最真实、最直观的教学信息，有助于全面了解教学实际情况。

在具体实践中，需要明确观察的目标和重点，设计合理的观察指标和评价标准。同时，还需要注重观察与记录的客观性、公正性和准确性，避免受主观臆断和偏见的影响。此外，还可以借助现代教育技术手段，如录像、录音等，对教学过程进行更加全面、细致的记录和分析。

（二）学生评价与反馈

学生是教学活动的直接参与者，他们的评价和反馈是教学信息采集的重要来源。通过学生评价，可以了解学生对教师教学态度、教学方法、教学内容以及教学效果等方面的看法和意见。同时，学生还可以提供关于学习过程中的困难、问题和建议等有价值的信息。这些信息对于教师改进教学、提高教学质量具有重要意义。

为了获取准确、全面的学生评价和反馈，需要设计科学合理的评价问卷和反馈渠道。评价问卷应涵盖教学态度、教学方法、教学内容、教学效果等方面，并注重问题的客观性和可测量性。反馈渠道可以包括在线评价系统、教学意见箱、师生座谈会等多种形式，以便学生随时随地提供反馈。同时，还需要及时整理和分析学生评价和反馈结果，将其作为教学改进的重要依据。

（三）教学管理与评估数据

教学管理与评估数据是教学信息采集的另一种重要途径。这些数据包括教学计划、教学大纲、教学进度表、学生成绩单等教学管理数据以及教学评价结果、教学改进建议等评估数据。这些数据能够反映教学过程的整体情况和教学效果的实际情况，为教学质量监控提供有力的数据支持。

为了获取准确、全面的教学管理与评估数据，需要建立健全的教学管理与评估制度。这包括制订教学计划、教学大纲和教学进度表等教学管理制度，以及建立教学评价机制、教学改进机制等评估制度。同时，还需要加强数据管理和分析工作，确保数据的准确性和可靠性。此外，还可以利用信息技术手段，如教学管理信息系统、教学评价系统等，实现数据的自动化采集和分析。

（四）外部评价与反馈

除了以上三种途径外，还可以通过外部评价与反馈来获取教学信息。外部评价包括专家评价、同行评价、社会评价等多种形式。这些评价可以从不同的角度和层面反映教学质量的情况，为教学改进提供有益的参考。同时，外部反馈还可以提供关于社会需求、就业情况等方面的信息，有助于学校更好地适应市场需求、提高人才培养质量。为了获取准确、全面的外部评价与反馈，需要积极邀请专家、同行和社会各界人士参与教学评价工作。同时，还需要建立有效的反馈机制，及时收集和处理外部反馈信息。在处理反馈信息时，需要注重分析原因、找出问题所在，并制定相应的改进措施。此外，还需要加强对外部评价与反馈结果的宣传和推广工作，以扩大其影响力和作用范围。

二、信息数据的整理与分析

在高等职业教育教学质量的监控过程中，信息数据的整理与分析是至关重要的一环。通过科学的方法对采集到的数据进行整理与分析，可以揭示教学过程中的规律和问题，为教学质量的提升提供有力支持。以下从四个方面详细分析信息数据的整理与分析：

（一）数据清洗与预处理

数据清洗与预处理是信息数据整理与分析的第一步，其目标是确保数据的准确性、完整性和一致性。在这一阶段，需要对采集到的原始数据进行筛选、去重、填充缺失值、处理异常值等操作，以消除数据中的错误和冗余，提高数据质量。

具体来说，数据清洗包括对数据进行格式转换、单位统一、数据去噪等处理，以确保数据的一致性和可比性。同时，还需要对缺失值进行填充，对异常值进行识别和处理，以避免其对后续分析的影响。预处理阶段还需要对数据进行适当的分组和分类，以便于后续的数据分析和挖掘。

（二）数据描述与可视化

数据描述与可视化是信息数据整理与分析的重要手段。通过对数据进行描述性统计分析，可以了解数据的分布情况、集中趋势和离散程度等基本信息。同时，通过数据可视化技术，可以将复杂的数据信息以图表、图像等形式直观地展示出来，帮助人们更好地理解数据背后的含义。

在数据描述阶段，可以运用各种统计指标和方法对数据进行描述，如平均值、中位数、众数、标准差等。这些指标可以揭示数据的总体特征，为后续的分析提供基础。在数据可视化阶段，可以利用各种图表工具和技术，如柱状图、折线图、散点图、热力图等，将数据以直观的形式展示出来，便于人们观察和理解。

（三）数据挖掘与分析

数据挖掘与分析是信息数据整理与分析的核心环节。在这一阶段，需要运用各种数据分析方法和工具，对预处理后的数据进行深入挖掘和分析，以发现数据中的潜在规律和问题。

数据挖掘技术包括关联分析、聚类分析、分类分析、回归分析等，这些方法可以帮助我们找到数据之间的关联关系、识别不同数据群体的特征、预测未来的发展趋势等。在数据分析过程中，还需要结合实际情况和教学理论，对数据进行合理的解释和推理，以得出有意义的结论和建议。

（四）结果解释与应用

结果解释与应用是信息数据整理与分析的最终目的。在这一阶段，需要对分析结果进行解释和说明，明确其对教学质量的意义和价值。同时，还需要将分析结果应用于教学实践中，为教学质量的提升提供指导和支持。

在结果解释阶段，需要清晰地阐述分析结果的含义、背后的原因以及可能的影响。这有助于人们更好地理解分析结果，并为其应用提供理论支持。在应用阶段，需要将分析结果与教学实践相结合，提出针对性的改进措施和建议。这些措施和建议应该具有可操作性、可评估性和可持续性，以确保其能够在实际教学中得到有效实施并取得预期效果。

总之，在实际操作中，需要注重数据清洗与预处理、数据描述与可视化、数据挖掘与分析以及结果解释与应用四个方面的工作，以确保分析结果的准确性和有效性。

三、信息处理的标准化与自动化

在高等职业教育教学质量监控体系中，信息处理的标准化与自动化是提高工作效率、确保数据准确性和一致性的重要手段。以下从四个方面详细分析信息处理的标准化与自动化。

（一）标准化处理流程

实现信息处理的标准化，首先需要建立一套完善的处理流程。这一流程应明确信息采集、整理、分析、解释和应用的各个环节，以及各环节之间的衔接和转换。标准化处理流程能够确保信息在各个环节中得到规范、有序的处理，减少人为因素的干扰，提高数据的质量和可靠性。

在流程设计过程中，应注重以下几点：一是明确各环节的职责和要求，确保每个环节都有明确的任务和标准。二是建立有效的沟通机制，确保各环节之间的信息能够准确、及时地传递。三是采用标准化的数据处理工具和方法，确保数据处理的一致性和准确性。

（二）数据标准化

数据标准化是信息处理标准化的核心。它要求对所有采集到的数据进行统一的格式、单位、编码等处理，确保数据的一致性和可比性。数据标准化能够消除不同来源数据之间的差异，提高数据的整合和分析效率。

在数据标准化过程中，需要关注以下几方面：一是制定统一的数据采集标准，确保数据的来源和格式一致。二是建立数据字典，明确每个数据项的含义和取值范围。三是采用统一的数据编码方式，确保数据在传输和存储过程中的一致性和准确性。

（三）自动化处理工具的应用

自动化处理工具的应用是实现信息处理自动化的关键。通过引入先进的自动化处理工具和技术，可以大大提高信息处理的效率和质量，减少人工操作的错误。

在自动化处理工具的选择上，应注重以下几点：一是选择功能强大、易于使用的工具，能够满足不同处理需求。二是确保工具的稳定性和安全性，避免数据泄露和丢失。三是提供友好的用户界面和操作流程，降低使用门槛。

自动化处理工具的应用范围广泛，包括数据清洗、预处理、描述与可视化、数据挖掘与分析等环节。通过自动化处理工具，可以实现数据的快速处理和分析，提高教学质量监控的效率和准确性。

（四）持续优化与改进

信息处理的标准化与自动化是一个持续优化和改进的过程。随着教育技术的不断发展和教学需求的不断变化，需要不断地对信息处理流程、数据标准和自动化处理工具进行优化和改进。

在持续优化与改进过程中，应注重以下几点：一是关注教学实践中的新需求和新问题，及时调整信息处理策略和方法。二是收集和分析用户反馈和建议，不断改进和优化自动化处理工具的功能和性能。三是加强与其他领域的交流和合作，借鉴先进的信息处理技术和经验。

通过持续优化与改进，可以不断提高信息处理的标准化和自动化水平，为高等职业教育教学质量的提升提供更加有力的支持。

四、信息数据的存储与共享

在高等职业教育教学质量的管理与提升过程中，信息数据的存储与共享是确保教学质量持续改进的关键环节。以下从四个方面对信息数据的存储与共享进行详细分析：

（一）数据存储的重要性与策略

在高等职业教育中，教学数据的存储不仅关系到数据的长期保存和安全性，还涉及数据的可访问性和可分析性。为了有效地存储教学数据，需要制定合理的数据存储策略。这包括确定数据的存储格式、存储位置、备份策略等。

（1）存储格式。教学数据应采用通用的、标准化的格式进行存储，如CSV（Comma-Separated Values）、Excel、数据库等，以便于数据的导入、导出和分析。

（2）存储位置。根据数据的类型和重要性，可以选择本地存储或云存储。对于重要且敏感的数据，应采取加密措施并备份在安全可靠的位置。

（3）备份策略。制订定期备份计划，确保数据的完整性和可恢复性。同时，测试备份数据的可用性，以确保在需要时能够迅速恢复数据。

（二）数据共享的意义与实现方式

数据共享对于提高教学质量具有重要意义。通过共享教学数据，教师可以了解学生学习情况、教学效果等信息，从而有针对性地改进教学方法和策略。同时,数据共享也有助于促进教师之间的交流和合作,共同提升教学质量。

实现数据共享的方式多种多样,包括建立数据共享平台、制定数据共享政策等。其中,数据共享平台是实现数据共享的有效方式之一。通过数据共享平台,教师可以方便地访问和下载所需的教学数据,并进行数据分析和挖掘。为了保障数据共享的安全性和合规性,需要制定严格的数据共享政策和访问控制策略。

(三)数据安全与隐私保护

在数据存储和共享过程中,数据安全与隐私保护是至关重要的。教学数据涉及学生的个人信息和隐私,一旦泄露或被滥用,将对学生造成不可挽回的损失。

为了保障数据安全与隐私保护,需要采取以下措施:

(1)加强数据加密和访问控制。对存储的数据进行加密处理,并设置严格的访问权限,确保只有被授权人员才能访问数据。

(2)定期进行安全审计和风险评估。定期对数据存储和共享环境进行安全审计和风险评估,及时发现和修复潜在的安全隐患。

(3)建立数据泄露应急响应机制。制订数据泄露应急响应预案,明确数据泄露后的处理流程和责任分工,确保在数据泄露事件发生时能够迅速响应并降低损失。

(四)数据存储与共享的未来发展趋势

随着信息技术的不断发展和应用,数据存储与共享的未来发展趋势将呈现以下特点:

1. 云计算和大数据技术的应用将更加广泛

云计算和大数据技术将为教学数据的存储和共享提供更加高效、便捷的解决方案。通过云计算技术，可以实现教学数据的集中存储和共享；通过大数据技术，可以对教学数据进行深度分析和挖掘，为教学质量的提升提供有力支持。

2. 数据安全与隐私保护将被更加重视

随着数据泄露事件的频发和隐私保护意识的提高，数据安全与隐私保护将成为数据存储与共享的重要关注点。未来，将采取更加严格的数据加密和访问控制措施，确保教学数据的安全性和隐私性。

3. 数据共享的范围和深度将进一步扩大

随着教育信息化的深入推进和开放教育资源的不断增加，数据共享的范围和深度将进一步扩大。未来，将建立更加完善的数据共享机制和政策体系，促进教学资源的共享和优化配置。

第三节　教学质量反馈机制的建立与实施

一、反馈机制的设计原则

在高等职业教育教学质量的持续改进过程中，一个完善的反馈机制是不可或缺的。反馈机制旨在收集、整理和分析教学过程中产生的各类信息，为教学质量的提升提供决策支持。以下从四个方面对反馈机制的设计原则进行详细分析：

（一）目标导向原则

反馈机制的设计应始终围绕提升教学质量这一目标展开。在设计过程中，需要明确教学质量改进的具体目标，如提高学生的学业成绩、增强学生的实践能力、提升教师的教学水平等。这些目标应作为反馈机制设计的出发点和落脚点，确保反馈信息的收集、整理和分析都能直接服务于教学质量的提升。

在目标导向原则的指导下，反馈机制应关注关键的教学环节和要素，如教学内容、教学方法、学生评价等。通过收集这些环节和要素的相关信息，可以发现教学中存在的问题和不足，为教学质量的改进提供有针对性的建议。

（二）多元化信息收集原则

反馈机制应能够收集到来自不同渠道、不同群体的反馈信息。这些信息可以来自学生、教师、教学管理人员等不同的群体，也可以来自课堂教学、实践教学、学生评价等不同的渠道。多元化信息收集有助于全面了解教学的实际情况，发现教学中存在的问题和不足。

为了实现多元化信息收集，反馈机制应建立多种信息收集渠道和方式。例如，可以通过学生问卷调查、教师自评、同行评价等方式收集学生和教师的反馈信息；可以通过听课、观摩教学等方式收集课堂教学信息；可以通过实习报告、实践成果等收集实践教学信息。同时，还需要建立信息筛选和整合机制，确保收集到的信息具有代表性和可信度。

（三）实时性与动态性原则

反馈机制应能够及时、准确地反映教学的实际情况，为教学质量改进提供实时支持。实时性要求反馈机制能够在教学过程中及时收集和处理信息，发现问题并及时解决；动态性要求反馈机制能够适应教学环境的变化，不断调整和优化信息收集和处理的方式。

为了实现实时性与动态性原则，反馈机制应建立快速响应机制和信息更新机制。快速响应机制要求在教学过程中一旦发现问题能够迅速采取行动；信息更新机制要求及时反馈机制的信息收集和处理方式能够随着教学环境的变化而不断调整和优化。此外，还需要建立信息共享和协作机制，确保不同部门和个人能够及时了解和掌握教学质量的最新情况。

（四）可操作性与可评估性原则

反馈机制的设计应具有可操作性和可评估性。可操作性要求反馈机制的设计能够便于实施和操作，确保信息收集、整理和分析的顺利进行；可评估性要求反馈机制能够提供清晰、明确的教学质量评估结果，为教学质量改进提供有力支持。

为了实现可操作性与可评估性原则，反馈机制应建立明确的操作流程和评估标准。操作流程应详细规定信息收集、整理和分析的具体步骤和要求；评估标准应明确教学质量评估的具体指标和权重。同时，还需要建立反馈结果的跟踪和反馈机制，确保评估结果能够得到有效利用和改进。

反馈机制的设计应遵循目标导向、多元化信息收集、实时性与动态性、可操作性与可评估性等原则。这些原则有助于构建一套完善、有效的反馈机制，为高等职业教育教学质量的提升提供有力支持。

二、反馈信息的收集与整理

在高等职业教育教学质量的持续改进过程中，反馈信息的收集与整理是至关重要的一环。它不仅能够为教学质量提供直观、全面的评估依据，还能为教学改进提供有针对性的指导。以下从四个方面对反馈信息的收集与整理进行详细分析：

（一）明确信息收集目标

在收集反馈信息之前，必须明确信息收集的目标。这些目标应与教学质量提升的具体需求紧密相连，如了解学生的学习效果、教师的教学表现、教学资源的利用情况等。明确的目标有助于指导信息收集的方向，确保收集到的信息具有针对性和实用性。

为了明确信息收集目标，可以组织相关人员进行深入讨论，结合教学实际情况，确定需要关注的关键领域和指标。同时，还需要考虑信息的来源和收集方式，确保信息收集的全面性和准确性。

（二）设计合理的收集工具

反馈信息的收集需要借助一定的工具和方法。这些工具应具有科学性和实用性，能够客观、准确地反映教学实际情况。常见的收集工具包括问卷调查、访谈、观察记录等。

在设计收集工具时，需要考虑信息的类型、范围和精度要求。例如，对于学生的学习效果，可以设计包含选择题、填空题、问答题等多种题型的问卷，以全面了解学生的掌握情况。对于教师的教学表现，可以通过课堂观察记录、学生评价等方式进行收集。

此外，还需要注意收集工具的易用性和可操作性。确保使用者能够轻松上手，避免因操作烦琐而影响信息收集的效率和质量。

（三）规范整理流程

收集到的反馈信息需要进行规范的整理和分析，以便更好地挖掘其中的价值。整理流程应包括以下步骤：

（1）数据清洗。去除重复、无效或错误的数据，确保数据的准确性和可靠性。

（2）数据分类。根据信息的类型和来源，对数据进行分类整理，便于后续的分析和比较。

（3）数据编码。对文字、图片等非结构化数据进行编码处理，使其能够转化为结构化数据进行分析。

（4）数据分析。运用统计学、数据挖掘等方法对数据进行深入分析，发现其中的规律和趋势。

在整理过程中，还需要注意数据的保密性和安全性。确保只有被授权人员能够访问和处理数据，防止数据泄露和滥用。

（四）建立反馈机制

反馈信息的收集与整理不仅仅是一个单向的过程，还需要建立一个有效的反馈机制，确保收集到的信息能够及时、准确地反馈给相关人员。反馈机制应包括以下几方面：

（1）反馈渠道。建立多样化的反馈渠道，如线上平台、邮件、电话等，方便相关人员随时随地提供反馈意见。

（2）反馈时间。设定明确的反馈时间要求，确保收集到的信息能够及时得到处理和回应。

（3）反馈处理。对收集到的反馈信息进行认真分析和处理，及时发现问题并采取相应的改进措施。

（4）反馈跟踪。对改进教学措施的实施效果进行跟踪评估，确保问题得到有效解决并持续改进教学质量。

通过建立有效的反馈机制，可以形成一个闭环的信息收集与整理系统，促进教学质量的持续提升。

三、反馈信息的分析与利用

在高等职业教育中，教学质量的提升离不开对反馈信息的深入分析与有效利用。反馈信息作为教学质量评估和改进的重要依据，其分析与利用对于提高教学质量具有至关重要的作用。以下从四个方面对反馈信息的分析与利用进行详细分析。

（一）信息分类与整合

反馈信息的收集往往来自多个渠道和多个层面，包括学生评价、教师自评、同行评议、教学督导等。这些信息在内容和形式上可能存在差异，因此需要进行分类与整合，以便更好地进行分析和利用。

在分类方面，可以根据信息的来源、性质、内容等维度进行划分。例如，可以按照评价主体将信息分为学生评价、教师自评、同行评议等；按照评价内容将信息分为教学内容、教学方法、教学效果等。通过分类，可以清晰地了解各类信息的分布情况和重要性。

在整合方面，需要将分散的信息进行汇总和梳理，形成一个完整、全面的信息体系。这可以通过建立数据库、使用数据分析工具等方式实现。整合后的信息不仅便于查找和分析，还能为教学质量的整体评估和改进提供有力支持。

（二）数据分析与解读

对整合后的反馈信息进行深入的数据分析是揭示教学质量问题、发现改进空间的关键步骤。数据分析可以采用多种方法，如描述性统计、相关性分析、回归分析等，以揭示数据背后的规律和趋势。

在数据分析过程中，需要关注以下几方面：一是数据的分布情况，了解各类信息的占比和变化趋势。二是数据的关联性，分析不同信息之间的内在联系和相互影响。三是数据的异常值，识别并解释异常数据背后的原因。

数据分析的结果需要进行合理的解读。解读时，需要结合教学实际情况和教学目标，对分析结果进行深入探讨和阐释。同时，还需要注意数据的局限性和不确定性，避免过度解读或误读数据。

（三）问题识别与改进建议

基于数据分析的结果，可以识别出教学质量中存在的问题和不足。这些问题可能涉及教学内容、教学方法、教学资源等多个方面。针对这些问题，需要提出具体的改进建议。

在问题识别方面，需要重点关注那些对教学质量影响较大、具有普遍性和代表性的问题。这些问题往往是教学质量提升的关键所在。同时，还需要注意问题的复杂性和多样性，避免遗漏或忽视某些重要问题。

在改进建议方面，需要提出具有针对性、可操作性和可行性的建议。这些建议应基于数据分析的结果和教学实际情况，能够直接指导教学实践的改进。同时，还需要考虑改进建议的实施条件和可行性，确保建议能够得到有效实施。

（四）决策支持与持续改进

反馈信息的分析与利用的最终目的是为教学质量的提升提供决策支持和持续改进的动力。因此，需要将分析结果和建议转化为具体的行动计划和措施。

在决策支持方面，需要将分析结果和建议提供给教学管理人员和教师等相关人员。这些人员可以根据分析结果和建议制订相应的教学改进计划和措施。同时，还需要建立有效的沟通机制，确保相关人员能够及时了解教学质量的最新情况和改进进展。

在持续改进方面，需要建立一个循环往复的反馈机制。这个机制包括信息收集、整理、分析、利用等多个环节，能够不断地发现问题、提出改进建议、实施改进措施并评估改进效果。通过持续改进，可以不断提升教学质量和水平。

四、反馈结果的跟踪与改进

在高等职业教育中，反馈结果的跟踪与改进是确保教学质量持续提升的关键环节。通过对反馈结果的深入分析和有效应用，可以及时发现教学中存在的问题，并采取相应的改进措施，从而不断优化教学过程，提高教学质量。以下从四个方面对反馈结果的跟踪与改进进行详细分析：

（一）反馈结果的全面审视

对于收集到的反馈结果，首先需要进行全面的审视和梳理。这一过程不仅要关注各个具体的教学环节，还要从整体层面审视教学质量的全面性和系统性。审视过程中，应对各类反馈信息进行综合对比，识别出教学质量中存在的核心问题和普遍现象。

在全面审视时，应注重分析反馈结果的代表性和普适性。通过对比不同来源、不同层面的反馈信息，可以发现教学中存在的共性问题，这些问题往往对教学质量产生较大影响。同时，也要关注反馈结果中的个性问题，这些问题虽然不具有普遍性，但对个别学生或教师的发展至关重要。

（二）问题诊断与原因分析

在全面审视的基础上，需要对反馈结果中揭示的问题进行深入的诊断和原因分析。问题诊断的目的是明确问题的性质、范围和严重程度，为后续的改进措施提供明确的指导。原因分析则是要找出问题产生的根本原因，为解决问题提供根本性的对策。

在问题诊断时，可以采用多种方法，如因果分析（鱼骨图）等，对问题进行层层剖析，找出问题的症结所在。在进行原因分析时，应综合考虑教学过程中的各种因素，如教学内容、教学方法、教学资源、教师素质等，避免简单归因或遗漏关键因素。

（三）制订改进计划与措施

在问题诊断和原因分析的基础上，需要制订具体的改进计划与措施。改进计划应明确改进的目标、内容、方法和步骤，确保改进措施具有针对性和可操作性。同时，还应考虑改进计划的可行性和可持续性，确保改进措施能够得到有效实施和长期维护。

在制定改进措施时，应注重措施的多样性和灵活性。不同的问题可能需要采用不同的解决方法，如优化教学内容、改进教学方法、增加教学资源等。同时，还应注重措施的创新性和前瞻性，引入新的教学理念和技术手段，提高教学效果和学生的学习体验。

（四）实施与评估改进效果

制订好改进计划与措施后，需要将其付诸实践，并对改进效果进行评估。实施过程中，应确保各项措施得到有效执行，并密切关注实施过程中的问题和挑战。对于实施过程中出现的问题，应及时进行调整和优化，确保改进措施能够顺利推进。

在评估改进效果时，应建立科学的评估体系和方法。评估体系应涵盖教学质量的各个方面，如学生满意度、教师教学效果、教学资源利用等。评估方法可以采用问卷调查、访谈、观察等多种方式，全面了解改进效果。同时，还应注重评估结果的客观性和准确性，避免主观臆断或误判。

评估结果将作为反馈结果跟踪与改进的重要依据。对于评估结果中显示出的改进成效，应及时总结经验教训，并将其纳入教学管理体系中，为今后的教学质量的提升提供借鉴。对于评估结果中仍存在的问题和不足，应继续进行深入分析和改进，形成持续改进的良性循环。

第四节　教学质量问题的预防与纠正

一、问题识别与诊断的方法

在高等职业教育教学质量的提升过程中，问题识别与诊断是首要的步骤，它直接关系到后续改进措施的有效性和针对性。以下从四个方面对问题识别与诊断的方法进行详细分析：

（一）系统化分析框架的构建

问题识别与诊断的首要任务是构建一个系统化的分析框架，以便全面、深入地审视教学质量中可能存在的问题。这一框架应涵盖教学过程的各个环节，包括教学内容、教学方法、教学资源、教师素质、学生学习效果等方面。同时，还需要考虑外部环境和内部条件对教学质量的影响，如教育政策、市场需求、学校文化等。

在构建分析框架时，可以借鉴已有的教学质量评估模型或标准，如 ISO 9001 质量管理体系、CDIO（Conceive，Design，Implement，Operate）工程教育模式等。同时，还需要结合高等职业教育的特点和实际情况，对框架进行适当的调整和完善。通过构建系统化的分析框架，可以确保问题识别与诊断的全面性和系统性。

（二）多维度数据收集与整理

问题识别与诊断需要依赖充分、准确的数据支持。因此，在诊断过程中，需要采用多种方法和手段来收集数据，包括问卷调查、访谈、观察记录、教学日志、学生作业等。这些数据应涵盖教学质量的各个方面，以便对教学质量进行全面的评估和分析。

在数据收集过程中，需要注意数据的代表性和有效性。要尽可能覆盖不同年级、不同专业、不同班级的学生和教师，以获取更广泛、更真实的信息。同时，还需要对数据进行整理和分析，以便更好地挖掘数据背后的规律和趋势。

（三）问题识别与分类

在收集到足够的数据后，需要对数据进行深入的分析和解读，以识别出教学质量中存在的问题。这一过程中，需要运用专业的知识和技能，对数据进行细致的梳理和分类。

问题识别时，应关注那些对教学质量影响较大、具有普遍性和代表性的问题。这些问题往往涉及教学内容、教学方法、教学资源等多个方面。同时，还需要注意问题的复杂性和多样性，避免简单地将问题归结为某个单一因素。

在问题分类时，可以根据问题的性质、范围和影响程度进行划分。例如，可以将问题分为教学内容问题、教学方法问题、教学资源问题等。通过分类，可以更加清晰地了解问题的分布情况和重要性，为后续的诊断和改进提供指导。

（四）问题诊断与原因分析

在问题诊断时，可以采用多种方法和技术手段，如鱼骨图分析、流程图分析、故障树分析等。这些方法可以帮助我们深入剖析问题的根源和演变过程，从而找到解决问题的关键所在。同时，还需要综合考虑各种因素之间的相互作用和影响，避免简单归因或遗漏关键因素。

在原因分析时，应注重从多个角度和层面进行分析。不仅要考虑教学过程中的各种因素，如教学内容、教学方法、教学资源等，还要考虑外部环境和内部条件对教学质量的影响。通过全面、深入的原因分析，可以为我们制定有效的改进措施提供有力的支持。

二、问题预防的策略与措施

在高等职业教育教学质量的管理中，问题预防是一项至关重要的工作。通过有效的预防和前瞻性的措施，可以在问题发生之前避免或减少其对教学质量的影响。以下从四个方面对问题预防的策略与措施进行详细分析：

（一）建立全面的质量管理体系

建立全面的质量管理体系是预防教学质量问题的基础。这一体系应涵盖教学过程的各个环节，包括教学内容、教学方法、教学资源、教师发展、学生管理等。在管理体系建立过程中，需要明确教学质量的标准和要求，制定相应的管理制度和流程，确保教学质量的可控性和可预测性。

同时，质量管理体系应注重持续改进。通过定期的教学评估、反馈收集和分析，及时发现并解决潜在问题，不断完善和优化教学质量管理体系。此外，还需要加强与其他高校、行业组织和企业的合作与交流，借鉴先进的教学理念和经验，提升教学质量管理水平。

（二）加强教学资源的建设与管理

教学资源是教学质量的重要保障。为了预防教学资源不足或配置不合理导致的教学质量问题，需要加强教学资源的建设与管理。

首先，应加大教学投入，确保教学资源的充足性和先进性。包括更新教学设备、优化教学设施、引进优质教材等。同时，还应注重教学资源的共享与利用，提高资源利用效率。

其次，应建立教学资源的管理制度，明确各类教学资源的使用规范和管理要求。通过制度的约束和规范，确保教学资源的合理利用和维护。

最后，还应加强教学资源的维护和更新工作，确保教学资源的持续性和稳定性。

（三）提升教师教学能力与素质

教师是教学质量的关键因素。为了预防教师因教学能力不足或素质不高导致的教学质量问题，需要采取一系列措施提升教师的教学能力与素质。

首先，应加强对教师的培训和指导。通过组织教学研讨会、开展教学观摩、邀请专家讲座等方式，提高教师的教学理念、教学方法和教学手段。同时，还应建立教师发展机制，为教师提供持续的学习和发展机会。

其次，应完善教师评价制度。通过学生评价、同行评价、专家评价等多种方式，全面客观地评价教师的教学能力和素质。将评价结果作为教师晋升、评优的重要依据，激发教师的工作积极性和创新精神。

最后，还应加强师德师风建设。通过宣传教育、树立典型、开展活动等方式，提高教师的职业道德素养和教育教学水平。

（四）优化学生管理与服务

学生是教学活动的主体。为了预防学生管理不善或服务不到位导致的教学质量问题，需要优化学生管理与服务。

首先，应建立完善的学生管理制度。通过制定学生行为规范、考勤制度、奖惩机制等，规范学生的行为和学习态度。同时，还应加强学生的心理健康教育，帮助学生解决学习和生活中的困惑和问题。

其次，应提供优质的学生服务。包括提供丰富的学习资源、开展多样化的课外活动、加强与学生家长的沟通与合作等。通过提供优质的服务，满足学生的学习需求和发展需求，提高学生的学习积极性和满意度。

最后，还应加强学生的学业指导。通过为学生提供个性化的学习计划和建议、帮助学生制定学习目标等，引导学生树立正确的学习观念和价值观。同时，还应加强学生的职业规划指导，帮助学生明确职业发展方向和目标。

三、问题纠正的流程与方法

在高等职业教育教学质量的持续改进过程中，问题纠正作为关键的一环，对于提高教学质量、优化教学流程具有重要意义。以下从四个方面对问题纠正的流程与方法进行详细分析：

（一）问题识别与确认

问题纠正的首要步骤是准确识别并确认问题。这一过程中，需要收集来自教师、学生、教学管理人员等多方面的反馈信息，运用数据分析和对比方法，发现教学中存在的问题。问题的识别应具有系统性和全面性，涵盖教学内容、教学方法、教学资源、学生管理等多个方面。同时，问题的确认应基于事实和数据，确保问题的真实性和准确性。

在问题识别与确认的过程中，可以采用以下几种方法：

（1）定期的教学质量评估。通过定期的教学质量评估，全面检查教学中的各个环节，发现潜在问题。

（2）学生反馈收集。通过问卷调查、座谈会等方式，收集学生对教学的意见和建议，了解学生对教学的满意度和存在的问题。

（3）教学观察。组织专家和教学管理人员对教学过程进行实地观察，发现教学中的问题和不足。

（二）问题分析与诊断

在问题识别与确认的基础上，需要对问题进行深入的分析和诊断。这一过程需要运用专业知识和技能，对问题的性质、原因、影响等方面进行深入剖析。问题的分析应具有科学性和系统性，能够揭示问题的根源和本质。

在问题分析与诊断的过程中，可以采用以下几种方法：

（1）因果分析。通过分析问题的因果关系，找出问题的根本原因。

（2）流程图分析。通过绘制教学流程图，发现教学中的瓶颈和不合理环节。

（3）专家咨询。邀请行业专家和学者对问题进行咨询和指导，提供专业意见和建议。

（三）制定纠正措施

在问题分析与诊断的基础上，需要制定具体的纠正措施。纠正措施应具有针对性和可操作性，能够直接针对问题的根源和本质进行改进。同时，纠正措施还应考虑实施的成本和效益，确保措施的有效性和可持续性。

在制定纠正措施的过程中，可以遵循以下几项原则：

（1）目标明确。纠正措施应明确解决什么问题，达到什么目标。

（2）措施具体。纠正措施应具体、详细，能够直接指导实施。

（3）可行性强。纠正措施应考虑实际情况和资源限制，确保能够顺利实施。

（4）持续改进。纠正措施应关注持续改进，不断优化教学流程和质量。

（四）实施与监控

纠正措施制定完成后，需要将其付诸实施，并对实施过程进行监控和评估。实施过程中，需要明确责任人和实施时间，确保措施的有效执行。同时，还需要建立监控机制，对实施过程进行实时监控和评估，确保措施的有效性和可持续性。

在实施与监控的过程中，可以采用以下几种方法：

（1）项目管理。将纠正措施作为项目进行管理，明确项目目标、计划、资源等要素，确保项目的顺利实施。

（2）定期评估。定期对纠正措施的实施效果进行评估，发现问题及时调整和优化。

（3）反馈收集。通过反馈收集，了解教师和学生对纠正措施的意见和建议，及时调整和完善教学工作。

通过以上四个方面的分析和阐述，可以清晰地了解问题纠正的流程与方法在高等职业教育教学质量管理中的应用和实践。通过准确识别问题、深入分析诊断、制定有效措施和严格实施监控等步骤，可以不断优化教学流程和质量，提高高等职业教育的教学质量。

四、问题预防与纠正的效果评估

在高等职业教育教学质量的管理中，问题预防与纠正的效果评估是确保教学质量持续提升的关键环节。以下从四个方面对问题预防与纠正的效果评估进行详细分析：

（一）评估目标与指标体系构建

效果评估的首要任务是明确评估目标，并构建相应的指标体系。评估目标应聚焦于教学质量提升、学生满意度提高、教学资源优化等方面。指标体系应全面反映教学质量的各个方面，包括教学内容、教学方法、教学资源、教师素质、学生管理等。同时，指标应具体、可量化，便于评估和比较。

（二）数据收集与分析方法

效果评估需要依赖于充分、准确的数据支持。数据收集应涵盖教学质量的各个方面，包括教师教学情况、学生学习效果、教学资源使用情况等。数据收集可以通过问卷调查、访谈、观察记录、教学日志等多种方式进行。

在数据分析方面，可以采用统计分析、对比分析、趋势分析等方法。通过对比不同时间段或不同教学环节的数据，可以发现教学质量的变化趋势和问题所在。同时，还可以利用数据分析工具，对教学质量进行深入的挖掘和探究，发现潜在的问题和改进空间。

（三）效果评估的实施过程

效果评估的实施过程应遵循科学、客观、公正的原则。评估过程中应确保数据的真实性和有效性，避免主观臆断和偏见的影响。评估结果应及时反馈给相关人员，以便及时发现问题并采取相应的改进措施。

在实施效果评估时，可以组织专家团队进行评估，也可以委托第三方机构进行评估。评估过程中应充分考虑不同利益相关者的意见和建议，确保评估结果的客观性和公正性。同时，还应加强与其他高校、行业组织和企业的合作与交流，借鉴先进的教学理念和经验，提升教学效果评估的水平。

（四）评估结果的应用与改进

效果评估的结果不仅是教学质量改进的依据，也是学校决策和管理的重要参考。因此，应充分利用评估结果，制定具体的改进措施和计划。

首先，应针对评估结果中发现的问题和不足，制定有针对性的改进措施。改进措施应具有可操作性和可持续性，能够直接针对问题的根源和本质进行改进。同时，还应加强监督和检查，确保改进措施的有效实施。

其次，应根据评估结果调整和优化教学资源配置。根据评估结果中反映的教学资源使用情况，合理配置教学资源，提高资源利用效率。同时，还应加强教学资源的更新和维护工作，确保教学资源的持续性和稳定性。

最后，应利用评估结果加强教师队伍建设。通过评估结果了解教师的教学情况和教学效果，为教师提供个性化的培训和发展机会。同时，还应加强师德师风建设，提高教师的职业道德素养和教育教学水平。

总之，问题预防与纠正的效果评估是高等职业教育教学质量管理的重要环节。通过明确评估目标、构建科学合理的指标体系、采用科学的数据收集与分析方法、实施公正客观的评估过程以及充分利用评估结果制定改进措施等步骤，可以不断提升高等职业教育的教学质量和水平。

第五节　教学质量监控与反馈的效果评估

一、评估的目的与原则

在高等职业教育教学质量的提升与持续改进中，评估作为关键的环节，其目的与原则直接决定了评估的导向和效果。以下从两方面对评估的目的与原则进行详细分析：

（一）评估的目的

1. 诊断与改进教学质量

评估的首要目的是对高等职业教育的教学质量进行全面、深入的诊断，发现存在的问题和不足，为改进教学提供科学依据。通过评估，可以了解学生的学习效果、教师的教学水平、教学资源的使用情况等，从而有针对性地进行改进。

2. 激励与引导教学创新

评估的另一个目的是通过评价教学质量的高低，激励教师积极参与教学改革与创新，引导教师探索新的教学理念、方法和手段。通过评估结果的反馈，教师可以了解自己在教学中的优点和不足，从而有针对性地提升自己的教学能力和水平。

3. 保障与提升人才培养质量

评估的最终目的是保障和提升高等职业教育的人才培养质量。通过评估，可以确保教学活动符合人才培养目标的要求，促进学生的全面发展。同时，评估还可以为学校的专业建设和课程改革提供有力支持，推动学校教育教学质量的整体提升。

4. 服务与决策支持

评估还具有为学校决策提供支持和服务的功能。通过评估，学校可以了解自身在教育教学方面的优势和不足，为制定发展战略和规划提供科学依据。此外，评估还可以为学校争取政府和社会支持提供依据和支撑。

（二）评估的原则

1. 科学性原则

评估应基于科学的方法和手段进行，确保评估结果的客观性和准确性。在评估过程中，应充分运用现代教育评估理论和技术，采用多种评估方法和手段，确保评估的全面性和深入性。

2. 系统性原则

评估应涵盖教学质量的各个方面和环节，形成一套完整的评估体系。在评估过程中，应注重各个环节之间的内在联系和相互影响，确保评估结果的全面性和系统性。

3. 公正性原则

评估应坚持公正、公平、公开的原则，确保评估过程的透明度和公正性。在评估过程中，应充分考虑不同利益相关者的意见和建议，避免主观臆断和偏见的影响。

4. 导向性原则

评估应具有一定的导向性，能够引导教学质量的持续改进和提升。在评估过程中，应明确评估的导向和目标，为改进教学提供明确的方向和指引。

5.可持续性原则

评估应关注教学质量的可持续发展，确保评估结果具有长期性和稳定性。在评估过程中，应充分考虑教学资源的可持续性利用和教学质量的长期效益，为学校的长远发展提供支持。

评估的目的与原则在高等职业教育教学质量的管理中具有重要的指导意义。通过明确评估的目的和原则，可以确保评估工作的科学性和有效性，为提升教学质量提供有力支持。

二、评估指标体系的设计

在高等职业教育教学质量的提升过程中，评估指标体系的设计是至关重要的一环。一套科学、合理、全面的评估指标体系，能够准确反映教学质量的真实状况，为教学改进提供有力的支撑。以下从四个方面对评估指标体系的设计进行详细分析：

（一）指标体系的全面性与多维度

评估指标体系的设计首先要考虑其全面性和多维度。全面性意味着指标体系应覆盖教学质量的所有关键领域，包括但不限于教学内容、教学方法、教学资源、学生评价等。多维度则要求指标体系从多个角度、多个层面去评估教学质量，确保评估结果的全面性和客观性。在设计指标体系时，可以采用层次分析法、德尔菲法等，将教学质量分解为若干个一级指标，每个一级指标下再细分出若干个二级指标，形成一个完整的指标体系框架。

（二）指标的可操作性与可量化性

评估指标的设计还需要考虑其可操作性和可量化性。可操作性意味着指标应具体、明确，能够便于评估者进行操作和评估。可量化性则要求指标应能够用具体的数值或等级进行衡量，便于对评估结果进行统计和分析。在设计指标时，应尽量避免使用过于笼统、模糊的表述，而应采用具体、可量化的指标，如"学生课程通过率""教师教学满意度"等。同时，还需要考虑指标数据的获取方式，确保数据的可靠性和有效性。

（三）指标的动态性与适应性

评估指标体系的设计应具有动态性和适应性。动态性意味着指标体系应能够随着教学环境的变化而不断调整和完善。随着教育理念的更新、教学技术的发展以及学生需求的变化，教学质量的标准和要求也在不断变化。因此，评估指标体系需要不断更新和完善，以适应这些变化。适应性则要求指标体系应能够针对不同专业、不同课程的特点进行个性化设计。不同专业、不同课程在教学目标、教学内容、教学方法等方面存在差异，因此需要设计与之相适应的评估指标体系。

（四）指标的导向性与激励性

评估指标体系的设计应具有导向性和激励性。导向性意味着指标体系应能够引导教学质量的提升和改进。在设计指标体系时，应充分考虑教学质量提升的关键因素和环节，将关键因素和环节纳入指标体系中，以引导教学质量的提升。激励性则要求指标体系应能够激发教师和学生参与教学改进的积极性。通过设立明确的评估目标和奖励机制，激励教师和学生积极参与教学改革和创新活动，提升教学质量。

评估指标体系的设计是高等职业教育教学质量评估的关键环节。在设计指标体系时，需要考虑其全面性、多维度、可操作性、可量化性、动态性、适应性、导向性和激励性等多个方面。通过科学、合理、全面的评估指标体系设计，可以准确反映教学质量的真实状况，为教学改进提供有力的支撑。

三、评估结果的反馈与应用

在高等职业教育教学质量的提升过程中，评估结果的反馈与应用是不可或缺的环节。评估结果的及时、准确反馈，以及其在教学质量改进中的有效应用，对于推动教学质量的持续提升具有重要意义。以下从四个方面对评估结果的反馈与应用进行详细分析：

（一）评估结果的及时性与准确性

评估结果的及时性和准确性是其能够发挥作用的基础。首先，评估结果的及时性要求评估过程完成后，能够迅速将结果反馈给相关部门和人员。及时的反馈有助于及时发现问题，及时采取措施进行改进。其次，评估结果的准确性要求评估过程必须科学、客观、公正，确保评估结果能够真实反映教学质量的实际情况。准确的结果才能为教学改进提供可靠的依据。

在保障评估结果及时性与准确性的过程中，需要建立健全的评估机制和制度，明确评估的流程和时间节点，确保评估工作的有序进行。同时，还需要加强对评估人员的培训和管理，提高评估人员的专业素养和评估能力，确保评估结果的准确性和可靠性。

（二）评估结果的全面性与深入性

评估结果的全面性和深入性是其能够发挥作用的关键。全面性要求评估结果能够涵盖教学质量的各个方面和环节，不遗漏任何重要信息。深入性则要求评估结果能够深入挖掘教学质量问题的根源和本质，为教学改进提供有针对性的建议。

为了实现评估结果的全面性和深入性，需要在评估指标体系的设计上下功夫。指标体系应全面反映教学质量的各个方面和环节，同时还应注重指标的深入性和针对性。在评估过程中，需要采用多种评估方法和手段，如问卷调查、访谈、观察等，以获取全面、深入的评估数据。此外，还需要对评估数据进行深入的分析和挖掘，发现教学质量问题的根源和本质。

（三）评估结果的针对性与可操作性

评估结果的针对性和可操作性是其能够发挥作用的重要保障。针对性要求评估结果能够针对具体问题提出具体的改进措施和建议，避免泛泛而谈。可操作性则要求改进措施和建议应具有实际可行性，能够真正落实到教学实践中。

为了确保评估结果的针对性和可操作性，需要在评估过程中充分考虑实际情况和需求。在提出改进措施和建议时，需要结合具体情况进行深入分析，确保改进措施和建议的针对性和实际可行性。同时，还需要加强与相关部门和人员的沟通和协调，确保改进措施和建议能够得到有效的实施和推进。

（四）评估结果的持续性与改进性

评估结果的持续性和改进性是其能够发挥作用的长效机制。持续性要求评估工作应持续进行，不断跟踪和评估教学质量的变化情况。改进性则要求评估结果应能够引导教学质量的持续改进和提升。

为了实现评估结果的持续性和改进性，需要建立健全的评估监测和反馈机制。通过定期对教学质量进行评估和监测，及时发现问题和不足，并采取相应的措施进行改进。同时，还需要加强对评估结果的跟踪和反馈，及时了解改进措施的实施效果，为下一轮评估提供有价值的参考。此外，还需要不断总结经验和教训，不断完善评估机制和指标体系，推动教学质量的持续提升。

第三章 高等职业教育教师队伍的建设与培训

第一节 教师队伍的选拔与培养

一、选拔标准与程序

在高等职业教育中，教师队伍的选拔是确保教学质量和人才培养质量的关键环节。一个优秀的教师队伍不仅应具备扎实的专业知识，还应具备高尚的师德、丰富的实践经验以及良好的教学能力。以下将从四个方面对高等职业教育教师队伍的选拔标准与程序进行详细分析：

（一）专业素养与学历要求

在选拔高等职业教育教师时，首先要考虑的是教师的专业素养和学历要求。教师作为知识的传播者和创新者，必须具备扎实的专业知识基础。因此，选拔标准应明确规定教师应具备相应的学历背景，如硕士、博士等，以确保其具备足够的专业深度和广度。同时，还应注重教师的专业背景和实践经验，优先选择具有相关行业背景或实践经验的教师，以提高教学的针对性和实用性。

在选拔程序上，应设置严格的资格审查环节，对教师的学历、专业背景、实践经验等进行全面审查，确保符合选拔标准。此外，还可以通过组织专业知识测试、面试等方式，进一步考查教师的专业素养和教学能力。

（二）师德师风与职业素养

除了专业素养和学历要求外，教师的师德师风和职业素养也是选拔的重要标准。教师应具备高尚的师德，热爱教育事业，关心学生成长，以身作则，为学生树立良好的榜样。同时，教师还应具备良好的职业素养，包括严谨的教学态度、认真负责的工作作风、团结协作的团队精神等。

在选拔程序上，应注重对教师师德师风和职业素养的考查。可以通过组织师德师风讲座、职业素养培训等活动，提高教师的师德师风和职业素养水平。同时，在选拔过程中，可以设置师德师风评价和职业素养测试等环节，全面考查教师的师德师风和职业素养。

（三）教学能力与教学方法

教学能力和教学方法是选拔高等职业教育教师的重要标准之一。教师应具备先进的教学理念和方法，能够灵活运用多种教学手段和教学资源，激发学生的学习兴趣和主动性。同时，教师还应具备丰富的教学经验和实践能力，能够根据学生的特点和需求，制订合理的教学计划和教学方案。

在选拔程序上，应注重对教师教学能力和教学方法的考查。可以通过组织教学观摩、教学竞赛等活动，展示教师的教学水平和能力。同时，在选拔过程中，可以设置教学能力测试和教学方法评价等环节，全面考查教师的教学能力和教学方法。

（四）持续学习与专业发展能力

随着社会的不断发展和科技的进步，高等职业教育也面临着不断更新和变革的挑战。因此，教师的持续学习和专业发展能力也是选拔的重要标准之一。教师应具备自主学习的意识和能力，能够不断更新自己的知识和技能，适应时代的发展和社会的需求。同时，教师还应具备创新意识和实践能力，能够积极探索新的教学方法和手段，推动教育的创新和发展。

在选拔程序上，应注重对教师持续学习和专业发展能力的考查。可以通过组织教师培训、学术交流等活动，提高教师的持续学习和专业发展能力。同时，在选拔过程中，可以设置学习成果展示、专业发展规划等环节，全面考查教师的持续学习和专业发展能力。

二、新教师入职培训

在高等职业教育中，新教师入职培训是确保新教师能够快速适应工作环境、融入教学团队、提升教学能力的关键环节。以下将从四个方面对新教师入职培训进行详细分析：

（一）入职培训的目标与定位

新教师入职培训的首要任务是明确培训的目标与定位。培训的目标应当围绕帮助新教师了解高等职业教育的教学理念、教学规范、教学流程以及学校的规章制度等方面展开。通过培训，新教师能够明确自己的角色定位，了解高等职业教育的教学特点和要求，为后续的教学工作打下坚实的基础。

在定位方面，新教师入职培训应当被视为一个系统性和连续性的过程，而不是一次性的活动。培训应贯穿新教师入职的初期阶段，甚至包括后续的跟踪指导和辅导。此外，培训还应根据新教师的专业背景和教学经验，提供个性化的指导和支持，以满足不同新教师的需求。

（二）培训内容与方法

新教师入职培训的内容应当全面且具体，涵盖教学理念、教学方法、教学技能、课堂管理、学生指导等多个方面。在教学方法上，可以采用讲座、研讨会、案例分析、模拟教学等多种形式，以提高新教师的参与度和学习兴趣。同时，还可以邀请经验丰富的教师担任培训讲师，分享他们的教学经验和教学方法，为新教师提供宝贵的借鉴和参考。

在培训过程中，应注重理论与实践相结合的原则。除了讲解理论知识外，还应安排新教师进行教学实践，如备课、试讲、评课等，以帮助他们更好地掌握教学技能和方法。此外，还可以组织新教师进行教学观摩和交流活动，让他们有机会了解其他教师的教学风格和特点，拓宽教学思路。

（三）培训效果评估与反馈

新教师入职培训的效果评估是确保培训质量的重要环节。评估应贯穿整个培训过程，包括对新教师的知识掌握情况、教学技能提升情况、课堂管理能力以及学生反馈等方面进行评价。评估结果应及时反馈给新教师本人和相关部门，以便他们了解培训效果并做出相应的改进。

在评估方式上，可以采用多种方法相结合的方式进行。如通过问卷调查了解新教师对培训内容的满意度和收获；通过试讲和评课了解新教师的教学技能和课堂管理能力；通过学生反馈了解新教师的教学效果和受欢迎程度等。同时，还可以建立培训档案，记录新教师的培训过程和成果，为后续的教学工作提供参考。

（四）培训后的持续支持与指导

新教师入职培训只是他们教学生涯的起点，而不是终点。因此，培训后的持续支持与指导同样重要。学校应建立完善的跟踪指导机制，为新教师提供持续的教学支持和帮助。如安排经验丰富的教师担任新教师的导师，进行一对一的指导和辅导；定期组织教学研讨和交流活动，让新教师有机会与同行交流教学经验和心得；提供教学资源和学习平台，帮助新教师不断更新知识和技能等。

此外，学校还应关注新教师的职业发展需求，为他们提供职业规划和发展的指导和支持。如帮助新教师制定个人职业发展规划，提供进修和深造的机会等。通过这些措施，可以让新教师感受到学校的关心和支持，增强他们的归属感和忠诚度，为学校的可持续发展贡献力量。

三、骨干教师培养计划

在高等职业教育中，骨干教师是教学团队的中坚力量，他们的专业素养和教学能力直接关系到教学质量和人才培养的质量。因此，制订并实施骨干教师培养计划，对于提升高等职业教育整体教学水平具有重要意义。以下将从四个方面对骨干教师培养计划进行详细分析：

（一）培养目标的明确与定位

骨干教师培养计划的首要任务是明确培养目标与定位。培养目标应围绕提升骨干教师的专业素养、教学能力、科研能力和团队协作能力等方面展开，旨在打造一支高水平、专业化、有创新精神的骨干教师队伍。在定位上，骨干教师培养计划应着眼于学校长远发展的需要，结合学校的教学特色和优势专业，重点培养具有引领和示范作用的骨干教师。

为了实现这一目标，学校应制订具体的培养计划，包括培养周期、培养方式、培养内容等方面。培养计划应具有可操作性和针对性，能够根据不同骨干教师的实际情况和需求，提供个性化的培养方案。同时，学校还应建立健全的激励机制，为骨干教师提供广阔的发展空间和良好的待遇，激发他们的工作热情和积极性。

（二）专业素养与教学能力的提升

专业素养和教学能力是骨干教师的基本素质。在培养计划中，应注重提升骨干教师的专业素养和教学能力。可以通过组织专业知识培训、教学方法研讨、教学经验交流等活动，让骨干教师了解最新的教学理念和教学方法，掌握先进的教学技能。同时，还应鼓励骨干教师参与科研项目和教学改革实践，提升他们的科研能力和创新能力。

为了确保培养效果，学校应建立科学的评价体系，对骨干教师的专业素养和教学能力进行定期评估。评估结果应作为骨干教师晋升、奖励和激励的依据，激励他们不断提升自己的专业素养和教学能力。

（三）团队协作与引领作用的发挥

骨干教师不仅应具备优秀的专业素养和教学能力，还应具备良好的团队协作能力和引领作用。在培养计划中，应注重培养骨干教师的团队协作能力和引领作用。可以通过组织团队建设活动、教学团队研讨、教学示范课等方式，加强骨干教师之间的交流和合作，提升他们的团队协作能力和凝聚力。同时，还应鼓励骨干教师发挥引领作用，带领年轻教师共同进步，推动教学团队的整体发展。

为了确保骨干教师能够发挥引领作用，学校应为他们提供必要的支持和帮助。如为骨干教师配备助手或助手团队，协助他们开展教学、科研和团队建设等工作；为骨干教师提供必要的经费和资源支持，保障他们的教学和科研工作的顺利进行。

（四）持续学习与职业发展的规划

骨干教师培养计划应关注教师的持续学习和职业发展。在培养计划中，应鼓励骨干教师树立终身学习的理念，不断更新知识和技能，适应时代的发展和教育改革的需求。学校可以通过组织定期的培训、学习交流、学术研讨等活动，为骨干教师提供持续学习的机会和资源。同时，还应关注骨干教师的职业发展需求，为他们提供职业发展规划的指导和支持，帮助他们实现职业目标和发展愿景。

为了确保骨干教师的持续学习和职业发展，学校应建立健全保障机制。如为骨干教师提供必要的学习时间和经费支持；为骨干教师提供职业发展指导和咨询服务；为骨干教师提供职业发展的平台和机会等。这些措施将有助于激发骨干教师的学习热情和职业追求，促进他们的持续发展和进步。

四、教师队伍结构优化策略

在高等职业教育中，教师队伍结构的优化是提高教学质量、推动学校发展的重要保障。针对当前高等职业教育教师队伍结构中存在的问题，以下从四个方面详细分析教师队伍结构优化的策略：

（一）明确结构优化目标与定位

优化教师队伍结构首先要明确目标和定位。高等职业教育应以培养高技能、高素质的应用型人才为目标，因此，教师队伍结构应围绕这一目标进行优化。具体而言，应构建一支数量充足、结构合理、素质优良、专兼结合的教师队伍，以满足学校教学、科研和社会服务的需要。

在定位上，教师队伍结构优化应紧密结合学校的发展规划和专业特色，注重引进和培养具有行业背景和实践经验的教师，同时加强校内教师的培训和提升，形成一支既有理论水平又有实践能力的教师队伍。

（二）优化教师职称与学历结构

教师职称和学历结构是衡量教师队伍素质的重要指标。优化教师职称与学历结构，应以提高教师队伍整体素质为核心，采取多种措施。

一方面，应鼓励教师参加职称评审和学历提升，通过设立奖励机制、提供培训支持等方式，激发教师提升职称和学历的积极性。另一方面，应加大引进力度，积极引进具有高级职称和博士学历的优秀人才，提升教师队伍的整体水平。

同时，还应注重教师职称和学历结构的合理性，避免职称和学历的过度集中或分散，确保教师队伍结构的均衡和稳定。

（三）加强专兼结合的教师队伍建设

专兼结合的教师队伍是高等职业教育的重要特色之一。加强专兼结合的教师队伍建设，应以提高教学质量和科研水平为目标，采取多种措施。

首先，应明确专兼职教师的职责和角色定位，确保专兼职教师能够充分发挥各自的优势和作用。其次，应建立专兼职教师之间的合作机制，通过组织教学研讨、科研合作等活动，促进专兼职教师之间的交流与合作。再次，还应加强对兼职教师的培训和管理，提高兼职教师的教学水平和职业素养。最后，还应积极拓宽兼职教师的来源渠道，从企业和行业中聘请具有丰富实践经验的专家和技术人员担任兼职教师，为学生提供更加贴近实际的教学内容和教学方法。

（四）建立教师评价与激励机制

建立科学的教师评价和激励机制是优化教师队伍结构的重要保障。教师评价和激励机制应以提高教师工作积极性和创造力为目标，采取多种措施。

首先，应建立科学的教师评价体系，包括教学质量评价、科研成果评价、社会服务评价等多个方面，全面客观地评价教师的工作绩效。其次，应建立与教师评价体系相匹配的激励机制，包括薪酬激励、职称晋升、荣誉表彰等多种方式，激发教师的工作热情和创造力。再次，还应注重教师评价的公正性和透明度，确保评价结果客观公正、公开透明。最后，还应加强对教师评价的监督和指导，确保评价工作的科学性和有效性。

总之，优化高等职业教育教师队伍结构是一项长期而艰巨的任务。只有明确目标和定位、优化职称与学历结构、加强专兼结合的教师队伍建设以及建立科学的评价和激励机制等多方面的努力才能取得实效。

第二节　教师的专业发展与继续教育

一、专业发展路径规划

在高等职业教育领域，专业发展路径规划对于教师的个人成长和学校的整体发展都至关重要。一个清晰、合理的专业发展路径规划，不仅能够激发教师的工作热情，提升教学质量，还能够推动学校的教育教学改革，提高人才培养质量。以下从四个方面对专业发展路径规划进行详细分析：

（一）自我认知与定位

专业发展路径规划的首要任务是进行自我认知与定位。教师需要深入了解自己的兴趣、价值观、优势和不足，明确自己的职业目标和发展方向。同时，教师还需要了解高等职业教育的发展趋势和行业需求，以便将自己的个人发展与行业发展相结合。

在自我认知与定位的过程中，教师可以通过参加专业培训、阅读相关书籍、与同行交流等方式，不断提升自己的专业素养和教育理念。同时，教师还需要关注行业动态和市场需求，及时调整自己的发展方向，确保自己的专业发展与行业需求相契合。

（二）目标设定与规划

在明确了自己的职业目标和发展方向后，教师需要制定具体的目标设定与规划。目标设定应该具有可衡量性和可实现性，包括短期目标和长期目标。短期目标可以是一些具体的教学任务、科研项目或技能提升计划，长期目标则可以是成为某个领域的专家或学术带头人。

在规划过程中，教师需要充分考虑自己的实际情况和学校的资源条件，制订切实可行的计划。同时，教师还需要将个人发展与学校发展相结合，确保自己的专业发展与学校的教学改革和科研创新相协调。

（三）持续学习与提升

专业发展是一个持续不断的过程，教师需要不断学习新知识、新技能，以适应不断变化的教育环境和行业需求。持续学习与提升是教师专业发展路径规划的重要组成部分。

教师可以通过参加专业培训、研讨会、学术会议等方式，不断更新自己的知识结构和教育理念。同时，教师还可以积极参与科研项目和教学实践，提升自己的科研能力和教学水平。此外，教师还可以利用互联网等现代信息技术手段，获取更多的学习资源和信息，拓宽自己的视野和思路。

（四）评价与反思

专业发展路径规划需要不断地进行评价与反思，以确保自己的发展方向和计划与实际情况相符合。评价与反思可以帮助教师发现自己的不足和问题，及时调整自己的发展方向和计划。

教师可以通过自我评价、同行评价和学生评价等多种方式，全面了解自己的教学水平和科研能力。同时，教师还需要关注学生的学习效果和反馈意见，及时调整自己的教学方法和策略。在评价与反思的过程中，教师需要保持开放的心态和谦虚的态度，积极接受他人的意见和建议，不断完善自己的专业发展路径规划。

总之，专业发展路径规划是高等职业教育教师个人成长和学校整体发展的重要保障。教师需要从自我认知与定位、目标设定与规划、持续学习与提升以及评价与反思等方面入手，制定切实可行的专业发展路径规划，并不断努力实现自己的职业目标和发展方向。

二、继续教育培训内容

在高等职业教育中，继续教育培训对于教师的专业成长和教育教学质量的提升具有举足轻重的作用。随着教育理念的更新和技术的进步，继续教育培训内容需要不断与时俱进，以满足教师个人和职业发展的需求。以下从四个方面对继续教育培训内容进行详细分析：

（一）教育理念与教学方法的更新

教育理念是教学活动的灵魂，教学方法则是实现教育目标的重要手段。在继续教育培训中，首先需要关注教育理念与教学方法的更新。培训内容应涵盖最新的教育理论和教学方法，如以学生为中心的教学设计、混合式教学、项目式学习等，帮助教师更新教育观念，掌握新的教学方法和技巧。

此外，培训内容还应强调教育技术的运用，如多媒体教学、在线教育平台的使用等，使教师能够利用现代信息技术手段提高教学效果。通过培训，教师能够深入理解现代教育理念，并将其融入实际教学中，促进学生的全面发展。

（二）专业知识与技能的深化

在高等职业教育中，教师的专业知识和技能是其教育教学活动的基础。因此，继续教育培训应重点关注教师专业知识与技能的深化。培训内容应涵盖教师所在学科的前沿知识、最新技术和发展趋势，以及跨学科的知识融合。通过培训，教师能够不断拓宽自己的知识视野，深化对专业知识的理解，提高教学水平和科研能力。

同时，培训内容还应注重实践技能的培养，如实验技能、实训操作等。通过实践操作，教师能够更好地掌握专业知识和技能，并将其应用于实际教学中，提高学生的实践能力和职业素养。

（三）职业素养与师德师风的提升

职业素养和师德师风是教师职业发展的重要组成部分。在继续教育培训中，应加强对教师职业素养和师德师风的培养。培训内容应涵盖教师职业道德、职业规范、职业规划等方面，帮助教师树立正确的职业观念，增强职业责任感和使命感。

同时，培训内容还应注重教师心理健康和自我调适能力的培养，使教师能够保持积极的心态和良好的情绪状态，更好地应对教育教学中的挑战和压力。通过培训，教师能够不断提升自己的职业素养和师德师风，为学生树立良好的榜样。

（四）教育教学研究与创新能力的发展

教育教学研究和创新能力是教师专业发展的重要标志。在继续教育培训中，应加强对教师教育教学研究和创新能力的培养。培训内容应涵盖教育研究方法、数据分析技术、教学创新策略等方面，帮助教师掌握科学研究的基本方法和技能，提高教育教学研究的水平。

同时，培训内容还应注重培养教师的创新意识和创新能力，鼓励教师积极参与教学改革和科研创新活动，探索新的教学模式和方法，推动教育教学质量的提升。通过培训，教师能够不断提高自己的教育教学研究和创新能力，为学校的改革和发展贡献自己的力量。

三、培训形式与方法创新

在高等职业教育中，培训形式与方法的创新对于提升教师参与培训的积极性和培训效果具有重要意义。随着教育技术的发展和教育教学理念的更新，传统的培训形式与方法已经难以满足教师多样化的学习需求。因此，对培训形式与方法进行创新成为高等职业教育教师培训的必然趋势。以下从四个方面对培训形式与方法创新进行详细分析：

（一）线上与线下相结合的培训模式

随着信息技术的迅猛发展，线上培训因其灵活性和便捷性受到广泛关注。在高等职业教育教师培训中，应将线上与线下培训相结合，形成优势互补的培训模式。线上培训可以通过网络平台提供丰富的课程资源和互动交流机会，满足教师自主学习和个性化学习的需求；线下培训则可以通过面对面的交流和互动，增强教师之间的合作与协作，提高培训效果。通过线上与线下相结合的培训模式，教师可以根据自己的时间和学习需求灵活选择学习方式，提高学习的效率和效果。

（二）实践导向的培训方法

在高等职业教育中，教师的实践能力和职业素养对于教育教学质量的提升至关重要。因此，在培训中应注重实践导向的培训方法。实践导向的培训方法可以通过模拟教学、实训操作、教学观摩等方式，让教师亲身参与教育教学实践，感受教育教学过程的真实性和复杂性。通过实践导向的培训方法，教师可以更好地掌握教育教学技能和方法，提高教学效果和教学质量。同时，实践导向的培训方法还可以增强教师的职业素养和责任感，激发教师的工作热情和创造力。

（三）互动参与式的培训形式

传统的培训形式往往以讲授为主，缺乏互动性和参与性。在高等职业教育教师培训中，应注重互动参与式的培训形式。互动参与式的培训形式可以通过小组讨论、角色扮演、案例分析等方式，让教师积极参与培训过程，表达自己的观点和想法。通过互动参与式的培训形式，教师可以更好地理解和掌握知识内容，提高学习的深度和广度。同时，互动参与式的培训形式还可以增强教师之间的交流和合作，促进教师之间的共同进步和发展。

（四）个性化与差异化的培训策略

在高等职业教育教师培训中，不同教师的需求和背景各不相同。因此，在培训中应注重个性化与差异化的培训策略。个性化与差异化的培训策略可以根据教师的不同需求和背景，提供有针对性的培训内容和方式。例如，对于新入职的教师，可以提供基础教育教学理论和方法的培训；对于具有一定教学经验的教师，可以提供教育教学研究和创新能力的培训。通过个性化与差异化的培训策略，可以更好地满足教师的不同需求，提高培训的针对性和实效性。同时，个性化与差异化的培训策略还可以激发教师的学习兴趣和动力，促进教师的自我发展和成长。

总之，培训形式与方法的创新是高等职业教育教师培训的重要方向。通过线上与线下相结合的培训模式、实践导向的培训方法、互动参与式的培训形式以及个性化与差异化的培训策略等多种方式，可以激发教师的学习兴趣和动力，提高培训的针对性和实效性，促进教师的专业成长和发展。

四、专业发展成果评估与反馈

在高等职业教育中，专业发展成果评估与反馈是确保教育质量持续提升、教师个人职业发展有序进行的关键环节。下面将从评估的目标与标准、评估方法与手段、评估结果的运用以及反馈机制的完善四个方面，对专业发展成果评估与反馈进行详细分析。

（一）评估的目标与标准

专业发展成果评估的首要任务是明确评估的目标和标准。评估目标应聚焦于教师的专业成长、教学质量的提升以及科研成果的产出等方面。通过设定明确的评估目标，可以确保评估工作具有针对性和实效性。

评估标准则是评估工作的基础，应当基于高等职业教育的特点和要求，结合教师的岗位职责和教学任务，制定科学合理的评估标准。评估标准应当具有可衡量性、可操作性和可达成性，能够全面反映教师的专业发展成果。

（二）评估方法与手段

专业发展成果评估需要采用科学有效的评估方法和手段。常用的评估方法包括自我评估、同行评估、学生评价以及专家评审等。这些方法各有特点，可以相互补充，形成多维度的评估体系。

在评估手段上，应注重量化评估和质性评估的结合。量化评估可以通过考试成绩、教学工作量、科研成果等具体指标来衡量教师的专业发展成果；而质性评估则可以通过观察、访谈、作品展示等方式来深入了解教师的教育教学过程和专业素养。

（三）评估结果的运用

评估结果的运用是专业发展成果评估的重要环节。评估结果不仅是对教师过去工作的总结和评价，更是对教师未来职业发展的指导和支持。

首先，评估结果应当作为教师职称评定、岗位晋升的重要依据。通过评估结果，可以客观地反映教师的专业水平和教学能力，为教师的职业发展提供有力支持。

其次，评估结果应当作为教师改进教学、提升科研水平的参考。针对评估结果中反映出的不足和问题，教师可以有针对性地进行改进和提升，不断提高自己的教育教学水平和科研能力。

最后，评估结果还应当作为学校优化教育教学管理、提升教育质量的参考。学校可以根据评估结果，了解教师的整体水平和存在的问题，进而制定更加科学合理的教育教学管理政策和措施。

（四）反馈机制的完善

专业发展成果评估的反馈机制是确保评估工作有效进行的关键。一套完善的反馈机制能够及时将评估结果反馈给教师，帮助教师了解自己的专业发展水平，发现存在的问题和不足，并寻求改进和提升的途径。

在反馈机制的建设上，应注重以下几方面：一是建立及时有效的反馈渠道，确保评估结果能够迅速传达给教师。二是注重反馈的针对性和个性化，根据教师的不同需求和特点，提供个性化的反馈和建议。三是加强反馈结果的跟踪和督导，确保教师能够真正将反馈结果转化为实际行动，不断提升自己的专业发展水平。

总之，专业发展成果评估与反馈是高等职业教育中不可或缺的一环。通过明确评估的目标与标准、采用科学有效的评估方法与手段、合理运用评估结果以及完善反馈机制等措施，可以不断提升教师的专业发展水平，促进高等职业教育的质量提升和可持续发展。

第三节　教师队伍的激励机制与考核机制

一、激励机制设计原则

在高等职业教育中，激励机制的设计对于教师的积极性和教学质量的提升具有至关重要的作用。一套科学合理的激励机制能够有效地激发教师的工作热情，提高教师的教学质量和科研水平，进而推动学校的整体发展。以下从四个方面对激励机制设计原则进行详细分析：

（一）公平性与公正性原则

公平性与公正性是激励机制设计的首要原则。在高等职业教育中，教师的激励应当基于其工作表现、教学质量、科研成果等客观因素，避免主观臆断和偏见。激励机制应当公开透明，确保所有教师都能够在平等的机会下获得激励。同时，激励措施应当具有明确的评价标准和程序，确保激励结果的公正性和合理性。

在具体实施中，可以建立科学的评价体系，对教师的教学质量、科研成果、社会服务等方面进行全面评价。评价结果应当及时反馈给教师，并作为激励的依据。同时，应当建立健全监督机制，确保激励措施在执行过程中不出现任何不公平或不公正的情况。

（二）激励与约束相结合原则

激励与约束是激励机制设计的两个重要方面。激励能够激发教师的工作热情，提高教师的教学质量和科研水平；而约束则能够规范教师的行为，确保教师遵守职业道德和法律法规。在高等职业教育中，激励机制应当将激励与约束相结合，既要给予教师足够的激励，又要对教师进行必要的约束。

在具体实施中，可以通过制定合理的薪酬制度、提供职业发展机会、给予荣誉称号等方式来激励教师；同时，应当建立健全师德师风考核机制，对教师的行为进行规范和约束。此外，还可以通过制定严格的学术规范、加强学术道德建设等方式来约束教师的学术行为。

（三）个性化与差异化原则

个性化与差异化是激励机制设计的重要原则。在高等职业教育中，教师的需求、能力和特点各不相同，因此激励机制应当具有个性化和差异化的特点。通过了解教师的需求和特点，制定个性化的激励措施，能够更好地满足教师的需求，提高教师的满意度和归属感。

在具体实施中，可以通过与教师进行深入的交流和沟通，了解教师的需求和期望；同时，可以通过问卷调查、座谈会等方式收集教师的意见和建议。根据教师的需求和特点，可以制定不同的激励措施，如提供个性化的职业发展规划、给予个性化的奖励和荣誉等。

（四）持续性与稳定性原则

持续性与稳定性是激励机制设计的重要原则。在高等职业教育中，教师的成长和发展是一个长期的过程，因此激励机制应当具有持续性和稳定性。通过持续稳定的激励措施，能够激发教师长期的工作热情，促进教师的持续成长和发展。

在具体实施中，应当建立长期的激励机制，如设立教学优秀奖、科研成果奖等长期奖项；同时，应当保持激励措施的稳定性和连续性，避免频繁变动或中断激励措施。此外，还应当注重培养教师的归属感和忠诚度，使教师能够长期为学校的发展贡献自己的力量。

二、激励措施与手段

在高等职业教育中，激励措施与手段的运用对于激发教师的工作热情、提升教学质量和科研水平具有重要意义。以下从四个方面对激励措施与手段进行详细分析：

（一）薪酬与福利激励

薪酬与福利是激励教师的基本手段之一。合理的薪酬制度能够直接体现教师的劳动价值，增强教师的职业认同感和归属感。在高等职业教育中，薪酬制度应当根据教师的岗位职责、教学科研工作量、工作绩效等因素进行合理设计，确保教师付出与回报相匹配。

除了基本薪酬外，还可以设立各种形式的绩效奖金和津贴，如教学成果奖、科研成果奖、社会服务奖等，以表彰和鼓励教师在教学、科研和社会服务方面的突出贡献。此外，良好的福利待遇，如医疗保险、住房公积金、子女教育等，也是吸引和留住优秀教师的重要因素。

（二）职业发展激励

职业发展是教师个人成长和发展的重要途径，也是激励教师的重要手段。在高等职业教育中，应当为教师提供广阔的职业发展空间和多样化的职业发展路径。

首先，建立健全职称评审制度，为教师提供明确的职业晋升通道。职称评审应当注重教师的教育教学能力和科研水平，确保评审结果的公正性和合理性。同时，学校应当积极推荐优秀教师参加各类人才计划和学术荣誉评选，提高教师的社会影响力和知名度。

其次，提供多样化的职业发展机会，如参加国内外学术会议、访问交流、进修培训等，帮助教师拓宽视野、更新知识、提升能力。

最后，学校还可以设立科研项目和团队，鼓励教师参与科研创新，提高教师的科研水平和创新能力。

（三）工作环境激励

良好的工作环境是激发教师工作热情、提高工作效率的重要因素。在高等职业教育中，应当为教师提供舒适、安全、和谐的工作环境。

首先，加强教学设施的建设和管理，确保教学设施的完善性和先进性。这包括教室、实验室、图书馆等教学场所的建设和维护，以及教学设备的更新和升级。同时，学校还应当为教师提供必要的教学辅助设备和资源，如多媒体教学设备、网络教学资源等，以满足教师教学的需要。

其次，营造积极向上的校园文化氛围。学校应当注重校园文化建设，倡导尊重知识、尊重人才、尊重创新的价值观。通过举办各类文化活动、学术讲座、师德师风建设等活动，营造积极向上的校园文化氛围，激发教师的工作热情和创造力。

（四）情感激励

情感激励是激励教师的重要手段之一。在高等职业教育中，应当注重与教师的情感沟通和交流，增强教师的归属感和凝聚力。

首先，建立健全的沟通机制。学校应当与教师保持密切的联系和沟通，及时了解教师的需求和困难，为教师提供必要的支持和帮助。同时，学校还应当鼓励教师之间的交流和合作，促进教师之间的互相学习和共同进步。

其次，关注教师的心理健康。教师作为教育工作者，面临着较大的工作压力和心理负担。学校应当关注教师的心理健康状况，为教师提供必要的心理支持和帮助。例如，可以设立心理咨询室、开展心理健康讲座等，帮助教师缓解压力、调整心态。

总之，在高等职业教育中，激励措施与手段的运用应当全面、系统、科学。通过薪酬与福利激励、职业发展激励、工作环境激励和情感激励等多种手段的综合运用，可以激发教师的工作热情、提升教学质量和科研水平，为高等职业教育的可持续发展提供有力支持。

三、考核标准与程序

在高等职业教育中，考核标准与程序的设定对于确保教学质量、科研水平以及教师个人发展的公正性和有效性至关重要。以下从四个方面对考核标准与程序进行详细分析：

（一）考核标准的制定

考核标准的制定是考核工作的基础，它直接关系到考核结果的公正性和有效性。在制定考核标准时，需要充分考虑高等职业教育的特点，以及教师在教学、科研、社会服务等方面的职责和要求。

首先，考核标准应当具有明确性和可衡量性。明确性意味着考核标准应当清晰、具体，能够明确告诉教师他们需要达到什么样的标准；可衡量性则意味着考核标准应当有具体的量化指标或可观察的行为表现，以便对教师的绩效进行客观评价。

其次，考核标准应当具有全面性和均衡性。全面性要求考核标准应当涵盖教师的所有工作领域，包括教学、科研、社会服务等；均衡性则要求在各个工作领域之间，以及在各项工作之间，都要设定合理的权重，以确保考核结果的公正性。

最后，考核标准应当具有动态性和适应性。随着高等职业教育的发展和教学改革的深入，考核标准也需要不断地进行调整和完善，以适应新的要求和挑战。

（二）考核程序的设置

考核程序的设置是考核工作的关键环节，它直接关系到考核过程的公正性和透明度。在设置考核程序时，需要遵循以下几项原则：

首先，考核程序应当具有规范性和系统性。规范性要求考核程序应当明确、具体，能够确保考核工作的有序进行；系统性则要求考核程序应当包括从考核准备到考核实施再到考核反馈的整个过程，形成一个完整的闭环。

其次，考核程序应当具有公正性和透明度。公正性要求考核程序应当对所有教师一视同仁，不偏袒、不歧视；透明度则要求考核程序应当向所有教师公开，让他们了解考核的具体流程和要求。

最后，考核程序应当具有互动性和反馈性。互动性要求考核程序应当鼓励教师积极参与考核过程，提出自己的意见和建议；反馈性则要求考核程序应当及时将考核结果反馈给教师，帮助他们了解自己的优点和不足，为今后的工作提供指导。

（三）考核实施的保障

考核实施的保障是确保考核工作顺利进行的重要条件。在考核实施过程中，需要采取以下几项措施：

首先，加强组织领导。学校应当成立专门的考核工作领导小组，负责考核工作的组织、协调和监督。同时，各级领导应当充分重视考核工作，为考核工作的顺利进行提供有力支持。

其次，完善制度建设。学校应当建立健全考核工作制度，明确考核工作的目标、原则、标准、程序等，为考核工作的实施提供制度保障。

最后，强化监督检查。学校应当加大对考核工作的监督检查力度，确保考核工作的公正性和有效性。对于发现的问题和不足，应当及时采取措施进行整改和完善。

（四）考核结果的运用

考核结果的运用是考核工作的最终目的。在高等职业教育中，考核结果的运用应当遵循以下几项原则：

首先，将考核结果作为教师职称评定、岗位晋升的重要依据。通过考核结果，可以客观地反映教师的教育教学能力和科研水平，为教师的职业发展提供有力支持。

其次，将考核结果作为教师改进工作、提升能力的参考。针对考核结果中反映出的不足和问题，教师可以有针对性地进行改进和提升，不断提高自己的教育教学水平和科研能力。

最后，将考核结果作为学校优化教育教学管理、提升教育质量的参考。学校可以根据考核结果，了解教师的整体水平和存在的问题，进而制定更加科学合理的教育教学管理政策和措施。

四、考核结果的应用与反馈

在高等职业教育中，考核结果的应用与反馈是教育评价体系的重要环节。它不仅关系到教师个人发展的方向，也直接影响到学校整体教育质量的提升。以下从四个方面对考核结果的应用与反馈进行详细分析：

（一）考核结果作为教师个人发展的指引

考核结果作为教师个人发展的指引，具有明确的导向作用。一方面，通过考核结果，教师可以清晰地认识到自己在教学、科研、社会服务等方面的优势和不足，从而明确个人发展的方向和目标。另一方面，考核结果还能为教师提供具体的改进建议，帮助教师针对自身存在的问题制订个性化的提升计划。

在应用考核结果时，学校应鼓励教师主动分析自身的发展状况，结合考核反馈进行自我调整和完善。同时，学校还可以为教师提供个性化的职业发展咨询和指导服务，帮助教师制订科学的个人发展规划。

（二）考核结果作为教师评价与激励的依据

考核结果是评价教师工作绩效的重要依据，也是激励教师工作积极性的有效手段。学校应根据考核结果对教师进行客观、公正的评价，并依据评价结果给予相应的激励措施。

在评价方面，学校可以将考核结果作为教师职称评定、岗位晋升、津贴发放等工作的参考依据。对于考核优秀的教师，学校应给予充分的肯定和奖励；对于考核不达标的教师，学校应提出明确的改进要求，并为其提供必要的支持和帮助。

在激励方面，学校应建立多元化的激励机制，将物质激励与精神激励相结合。除了给予优秀教师相应的物质奖励外，学校还可以通过表彰、荣誉证书等形式对优秀教师进行精神激励，增强教师的职业荣誉感和归属感。

（三）考核结果作为教育教学改革的参考

考核结果不仅能够反映教师个人的工作绩效和能力水平，还能为学校的教育教学改革提供重要的参考依据。通过对考核结果的深入分析，学校可以发现当前教育教学工作中存在的问题和不足，从而有针对性地进行改革和创新。

在教育教学改革方面，学校可以根据考核结果调整课程设置和教学内容，优化教学方法和手段，提高教学效果和质量。同时，学校还可以借鉴考核中表现优秀的教师的教学经验和方法，将其推广到其他教师的教学中，促进整个教师队伍水平的提升。

（四）考核结果的反馈与沟通

考核结果的反馈与沟通是确保考核结果有效应用的关键环节。学校应建立健全考核结果反馈机制，确保考核结果能够及时反馈给教师本人，并与教师进行充分地沟通和交流。

在反馈方面，学校应以书面形式向教师反馈考核结果，明确指出教师在各个考核项目中的得分情况、排名情况以及存在的问题和不足。同时，学校还应为教师提供详细的考核报告和数据分析报告，帮助教师全面了解自己的考核情况。

在沟通方面，学校应与教师进行面对面的沟通交流，听取教师对考核结果的意见和建议。对于教师提出的问题和困惑，学校应给予充分的解答和支持。同时，学校还应鼓励教师提出自己的改进建议和发展规划，共同促进教师个人和学校整体的发展。

第四节　教师队伍对教学质量的影响

一、教师素质与教学质量的关系

在高等职业教育中，教师素质与教学质量之间存在着密不可分的关系。教师的素质不仅直接决定了教学质量的高低，而且对学生综合素质的培养和专业技能的掌握产生深远影响。以下从四个方面详细分析教师素质与教学质量的关系：

（一）专业素养与教学质量

教师的专业素养是教学质量的核心保障。在高等职业教育中，教师需要具备扎实的专业基础知识和宽阔的学术视野，以便能够深入浅出地传授专业知识，引导学生掌握专业技能。教师的专业素养还体现在其对专业前沿动态的敏锐洞察力和对专业发展趋势的准确判断力，这些都能为教学内容的更新和教学方法的创新提供有力支持。

专业素养的提升需要教师不断学习和进修，不断更新自己的知识体系和教学理念。学校应鼓励教师参加各种形式的学术交流和培训活动，为教师提供专业发展的平台和机会。同时，学校还应建立相应的激励机制，对在专业领域取得突出成绩的教师给予表彰和奖励，激发教师提升专业素养的积极性和主动性。

（二）教学能力与教学质量

教学能力是教师将专业知识有效传递给学生的重要能力。在高等职业教育中，教师需要具备良好的教学设计能力、课堂组织能力、语言表达能力和学生互动能力等。这些能力能够帮助学生更好地理解和掌握知识，提高学生的学习兴趣和积极性。

教学能力的提升需要教师不断反思和总结自己的教学实践经验，不断优化教学方法和手段。学校应鼓励教师进行教学研究和创新实践，为教师提供教学改革和课程建设的支持和指导。同时，学校还应加强对教师教学能力的培训和评估，为教师提供专业发展的指导和帮助。

（三）师德师风与教学质量

师德师风是教师素质的重要组成部分，也是影响教学质量的重要因素。在高等职业教育中，教师需要具备高尚的师德和严谨的师风，以身作则、言传身教地影响学生。教师的师德师风能够激发学生的学习热情和责任感，促进学生的全面发展。

师德师风的建设需要教师自觉遵守教师职业道德规范，关注学生的成长和发展需求，关注学生的心理健康和人格培养。学校应加强对教师师德师风的教育和宣传，营造尊师重教、爱岗敬业的良好氛围。同时，学校还应建立健全的师德师风考核机制，对教师的师德师风进行定期评估和监督。

（四）创新能力与教学质量

创新能力是教师在高等职业教育中不可或缺的重要素质。随着社会的不断发展和科技的快速进步，高等职业教育面临着新的挑战和机遇。教师需要具备创新意识和创新能力，能够不断探索新的教学方法和手段，适应社会对人才的需求变化。

创新能力的提升需要教师关注社会发展和行业变化，了解新技术和新方法的应用情况。学校应鼓励教师参与科研项目和创新实践活动，为教师提供创新发展的平台和机会。同时，学校还应加强对教师创新能力的培训和评估，为教师提供专业发展的指导和帮助。

教师素质与教学质量之间存在着密不可分的关系。提高教师的专业素养、教学能力、师德师风和创新能力等素质，是提高高等职业教育教学质量的关键所在。

二、教师队伍建设与教学质量提升

在高等职业教育中，教师队伍建设是提升教学质量的关键环节。一支优秀的教师队伍不仅能够为学生提供高质量的教学服务，还能够推动学校整体教育水平的提升。以下从四个方面详细分析教师队伍建设与教学质量提升的关系：

（一）教师选拔与培养机制

教师选拔与培养机制是教师队伍建设的基石。一套科学、合理的选拔机制能够确保学校引进具有优秀潜质的教师，为教学质量的提升提供人才保障。在选拔过程中，学校应注重考查教师的专业素养、教学能力、师德师风以及创新能力等综合素质，确保选拔出的教师符合高等职业教育的教学要求。

同时，学校应建立完善的教师培养机制，为教师提供系统的职前培训和在职教育。职前培训应关注教师的教育教学理论知识和实践技能的培养，帮助教师快速适应高等职业教育的教学环境。在职教育则应注重教师的专业发展和创新能力提升，鼓励教师参与科研项目和教学改革实践，不断提升自身的教学水平和综合素质。

（二）教师激励机制与评价体系

教师激励机制与评价体系是激发教师工作积极性和提升教学质量的重要手段。学校应建立科学的教师评价体系，将教师的教学质量、科研成果、社会服务等方面纳入评价范围，确保评价结果的客观性和公正性。同时，学校应建立与教师评价体系相匹配的激励机制，对在教学、科研、社会服务等方面表现优秀的教师给予相应的奖励和荣誉，激发教师的工作热情和创造力。

此外，学校还应关注教师的个人发展需求和职业规划，为教师提供个性化的职业发展指导和支持。通过关注教师的个人成长和发展，激发教师的工作积极性和职业认同感，进一步提升教学质量。

（三）教师团队建设与合作交流

教师团队建设与合作交流是提升教学质量的重要途径。学校应鼓励教师之间的跨学科、跨领域合作与交流，促进不同学科之间的知识融合和资源共享。通过团队合作与交流，教师可以相互学习、共同进步，提升教学水平和创新能力。

同时，学校还应加强与国际国内高等教育机构的合作与交流，引进先进的教学理念和教学方法，推动学校整体教育水平的提升。通过与国际国内优秀教师的交流与合作，教师可以拓宽视野、更新观念、提升能力，为教学质量的提升注入新的活力。

（四）教师持续发展与专业成长

教师持续发展与专业成长是提升教学质量的根本保障。学校应关注教师的专业发展和个人成长需求，为教师提供持续的学习和发展机会。通过鼓励教师参与科研项目、教学改革实践、学术交流等活动，不断提升教师的专业素养和教学能力。

同时，学校还应加强对教师的培训和教育投入，为教师提供必要的资源和支持。通过培训和教育投入，教师可以不断更新知识、提升技能、拓宽视野，为教学质量的提升提供有力保障。

综上所述，教师队伍建设与教学质量提升之间存在着密不可分的关系。通过优化教师选拔与培养机制、建立科学的教师激励机制与评价体系、加强教师团队建设与合作交流以及关注教师持续发展与专业成长等方面的工作，可以不断提升高等职业教育的教学质量。

三、教师激励与考核对教学质量的促进作用

在高等职业教育中，教师激励与考核作为教育管理的核心环节，对于教学质量的提升具有至关重要的促进作用。以下从四个方面详细分析教师激励与考核对教学质量的促进作用：

（一）激发教师的工作动力

教师激励通过合理的物质奖励、精神鼓励和发展机会，能够极大地激发教师的工作动力。在高等职业教育中，教师的工作动力直接影响到教学质量的高低。当教师感受到自己的工作得到认可、努力付出得到回报时，他们会更加积极的投入教学，不断提升教学水平和效果。同时，激励还能促使教师积极探索教学方法和手段的创新，为学生提供更加丰富、多样的学习体验。

此外，激励还能够激发教师的竞争意识和进取精神。通过设定明确的考核标准和奖励机制，教师之间会形成良性的竞争氛围，促使大家不断追求更高的教学水平和更好的教学效果。这种竞争和进取精神将直接推动教学质量的提升。

（二）提升教师的教学质量意识

教师考核作为对教师工作绩效的评估，能够促使教师更加关注教学质量。

在考核过程中，学校会将教学质量作为重要的考核指标之一，对教师的教学效果、教学方法、学生评价等方面进行综合评价。这种评价将直接反映教师的教学质量水平，促使教师更加关注自己的教学质量。

同时，考核还能够引导教师树立正确的教学质量观。学校可以通过设定科学的考核标准和指标体系，引导教师关注教学过程中的关键环节和核心要素，如教学目标、教学内容、教学方法、教学评价等。这种引导将帮助教师形成正确的教学质量观，从而更加自觉地提升教学质量。

（三）促进教师的专业发展

教师激励与考核还能够促进教师的专业发展。在考核过程中，学校会关注教师的专业素养和教学能力等方面的发展情况，为教师提供个性化的专业发展建议和指导。同时，学校还会为教师提供必要的培训和教育资源，帮助教师不断提升自己的专业素养和教学能力。

此外，教师激励与考核还能够鼓励教师积极参与科研项目和教学改革实践。学校可以设定相应的奖励机制，鼓励教师开展科研工作和教学改革实践，推动学校整体教育水平的提升。这种参与将促进教师的专业发展，使教师不断更新知识、提升技能、拓宽视野，为教学质量的提升提供有力保障。

（四）优化教学环境和氛围

教师激励与考核还能够优化教学环境和氛围。当教师感受到自己的工作得到认可、付出得到回报时，他们会对学校产生更强的归属感和责任感。这种归属感和责任感将促使教师更加积极地参与学校的教学和管理活动，为学校的发展贡献自己的力量。

同时，教师激励与考核还能够推动学校内部形成积极向上的教学氛围。当教师之间形成良性的竞争氛围时，大家会相互学习、共同进步，推动教学质量的不断提升。这种氛围将促进学校整体教育水平的提升，为学生提供更加优质的教育服务。

教师激励与考核对高等职业教育的教学质量具有显著的促进作用。通过激发教师的工作动力、提升教师的教学质量意识、促进教师的专业发展以及优化教学环境和氛围等方面的工作，可以不断提升高等职业教育的教学质量。

四、教师队伍建设与教学改革的互动关系

在高等职业教育中，教师队伍建设与教学改革之间存在着密切的互动关系。教师队伍的素质和能力直接影响着教学改革的深度与广度，而教学改革又反过来对教师队伍建设提出了新的要求和挑战。以下从四个方面详细分析这种互动关系：

（一）教师队伍建设是教学改革的基础

教师队伍建设是教学改革的基础和前提。一支高素质、专业化的教师队伍能够深刻理解教学改革的理念和目标，积极参与教学改革的实践，为教学改革的顺利推进提供有力保障。教师队伍建设不仅包括教师的选拔与培养，还包括教师的激励与考核、团队建设与合作交流等方面。这些方面的工作能够提升教师的专业素养和教学能力，为教学改革提供坚实的人才支撑。

在教学改革中，教师需要不断更新教育观念，掌握新的教学方法和手段，以适应社会对人才的需求变化。因此，教师队伍建设需要注重教师的专业发

展，为教师提供持续的学习和发展机会，帮助教师不断提升自身的教学水平和创新能力。

（二）教学改革对教师队伍建设提出新要求

教学改革对教师队伍建设提出了新的要求和挑战。随着社会对人才需求的不断变化和教育教学理念的更新，教学改革也在不断深入和发展。这种变化要求教师队伍必须具备更高的专业素养和教学能力，以适应新的教学要求和挑战。

首先，教学改革要求教师必须具备创新意识和创新能力。教师需要不断探索新的教学方法和手段，推动教学内容和课程体系的创新，以满足社会对人才的需求。同时，教师还需要具备跨学科、跨领域的合作与交流能力，以促进知识的融合和共享。

其次，教学改革要求教师必须关注学生的全面发展。除了传授专业知识外，教师还需要注重学生的实践能力、创新能力和职业素养的培养。因此，教师需要不断更新教育观念，关注学生的成长和发展需求，为学生的全面发展提供有力支持。

（三）教师队伍建设与教学改革相互促进

教师队伍建设与教学改革之间存在着相互促进的关系。一方面，教师队伍建设为教学改革提供了有力保障和支持。另一方面，教学改革又推动了教师队伍建设的不断发展和完善。

在教学改革过程中，教师队伍能够积极参与其中，为教学改革提供实践经验和智慧支持。同时，教学改革还能够推动教师队伍不断学习和进步，提升教师队伍的整体素质和能力水平。这种相互促进的关系将推动高等职业教育不断向前发展，提升教学质量和水平。

（四）构建教师队伍与教学改革协同发展的机制

为了充分发挥教师队伍建设与教学改革之间的互动关系，需要构建一种协同发展的机制。这种机制应该包括以下几方面：

（1）建立科学的教师选拔与培养机制，确保教师队伍具备高素质、专业化的特点。

（2）建立完善的教师激励与考核机制，激发教师的工作积极性和创造力，推动教师不断学习和进步。

（3）加强教师团队建设与合作交流，促进教师之间的跨学科、跨领域合作与交流，提升教师队伍的整体素质和能力水平。

（4）鼓励教师积极参与教学改革实践，为教师提供必要的支持和帮助，推动教学改革不断深入和发展。

通过构建这种协同发展的机制，可以实现教师队伍建设与教学改革的良性互动和相互促进，推动高等职业教育不断向前发展。

第四章 高等职业教育教学质量检测方法与技术

第一节 传统的教学质量检测方法

一、课堂观察法

（一）实时课堂观察

实时课堂观察是课堂观察法中较直接、生动的方式之一。在这一环节中，观察者需要深入课堂，通过直接观察、聆听、感受，获取第一手的教学资料。实时课堂观察要求观察者具备敏锐的洞察力，能够迅速捕捉课堂上的每一个细节，从教师的教态、语言、教学方法，到学生的反应、参与度、情绪变化，都需要细致入微地记录下来。

实时课堂观察不仅要求观察者拥有丰富的教育理论知识和实践经验，还要求观察者具备高度的责任感和敬业精神。因为在这一环节中，观察者不仅是信息的接收者，更是信息的传递者和反馈者。观察者需要将自己的观察结果及时反馈给教师，帮助教师了解自己的教学情况，从而进行有针对性的改进。

实时课堂观察的意义在于，它能够为教师提供最直接、最真实的反馈，帮助教师了解自己在教学中存在的问题和不足，从而进行有针对性的改进。同时，实时课堂观察还能够促进教师之间的交流与合作，推动教学改革的深入发展。

（二）录像回放分析

录像回放分析是课堂观察法中的一种重要手段。通过录像回放，观察者可以反复观看课堂实录，从而更加深入地了解课堂教学情况。录像回放分析具有以下优点：一是可以突破时间和空间的限制，观察者可以在任何时间、任何地点进行观看。二是可以反复观看，便于观察者深入分析和思考。三是可以多人同时观看，便于观察者之间的交流。

在进行录像回放分析时，观察者需要重点关注以下几方面：一是教师的教态和教学方法，二是学生的反应和参与度，三是课堂氛围和教学效果。观察者需要仔细分析每一个细节，从中发现问题和不足，并提出相应的改进建议。

录像回放分析的意义在于，它能够为教师提供更加全面、深入的反馈，帮助教师更加深入地了解自己的教学情况。同时，录像回放分析还能够促进教师之间的交流和合作，推动教学改革的深入发展。

（三）听课记录与评价

听课记录与评价是课堂观察法中的一项重要工作。在这一环节中，观察者需要详细记录课堂教学的每一个环节，包括教师的教学内容、教学方法、教学步骤等，同时还需要对学生的反应、参与度、情绪变化等进行记录。听课记录是评价课堂教学的重要依据之一。

在进行听课记录与评价时，观察者需要遵循客观、公正、全面的原则。首先，观察者需要客观地记录课堂教学的实际情况，不掺杂个人主观情感。其次，观察者还需要公正地评价课堂教学情况，不偏袒任何一方。最后，观察者需要全面地记录和评价课堂教学的各个方面，避免遗漏重要信息。

听课记录与评价的意义在于，它能够为教师提供一份详细的反馈报告，帮助教师全面了解自己的教学情况。同时，听课记录与评价还能够为教师提供改进的方向和思路，促进教师不断提高自己的教学水平。

（四）反思与改进

反思与改进是课堂观察法的最终目的。在进行了实时课堂观察、录像回放分析、听课记录与评价之后，观察者需要对自己的观察结果进行深入的分析和思考，从中发现问题和不足，并提出相应的改进建议。

反思与改进的过程需要教师具备高度的自我意识和自我批评精神。教师需要认真审视自己的教学行为和教学思想，找出其中存在的问题和不足，并制定相应的改进措施。同时，教师还需要积极寻求外部的支持和帮助，与同事、专家进行交流，共同推动教学改革的深入发展。

反思与改进的意义在于，它能够帮助教师不断提高自己的教学水平，推动教学改革的深入发展。同时，反思与改进还能够促进教师之间的交流和合作，形成共同发展的良好氛围。

二、试卷分析法

（一）试卷设计原则

试卷设计是教育评估中的重要环节，其设计原则直接关系到试卷的质量及其能否准确反映学生的学习情况。在设计试卷时，应遵循以下原则：

首先，试卷设计应符合教学目标。试卷的内容应紧密围绕教学大纲和课程标准，确保测试内容与教学目标的一致性。这要求教师在设计试卷时，需对教学目标有清晰的认识，并将其融入试题之中。

其次，试卷设计应注重知识的广度与深度。试卷应覆盖所学知识的各个方面，包括基本概念、原理、技能等，同时还应关注知识的深度和复杂性，以测试学生的理解和应用能力。

再次，试卷设计应体现公平性。试题应避免歧义和误导，确保所有学生都能在相同的条件下进行答题。同时，试题的难度和题型应适中，既不过于简单也不过于复杂，以保证评价结果的公正性。

最后，试卷设计应具有创新性。随着教育改革的深入发展，传统的试卷设计模式已难以满足现代教育的需求。因此，教师在设计试卷时，应尝试引入新的题型和考查方式，以激发学生的学习兴趣和创造力。

遵循这些原则设计的试卷，不仅能够准确反映学生的学习情况，还能够为教师的教学提供有价值的反馈。

（二）试卷难度与区分度

试卷的难度和区分度是衡量试卷质量的重要指标。难度是指试题的难易程度，而区分度则是指试题能否有效区分不同水平的学生。

在设计试卷时，教师应根据教学目标和学生实际情况，合理设置试题的难度。过难的试题会让学生感到挫败，影响他们的学习积极性和自信心；而过易的试题则无法准确反映学生的真实水平。因此，教师应确保试卷具有一定的挑战性。

同时，教师还应关注试卷的区分度。良好的区分度意味着试题能够有效区分不同水平的学生，使不同层次的学生得到相应水平的考查。为了实现这一目标，教师应设计具有层次性的试题，通过增加试题的复杂性和深度，提高试题的区分度。

难度和区分度的合理控制，有助于教师更准确地了解学生的学习情况，为教学策略的调整提供有力支持。

（三）成绩统计分析

成绩统计分析是试卷分析的重要环节，它通过对学生的考试成绩进行统计分析，揭示学生的学习情况和存在的问题。

在进行成绩统计分析时，教师应关注以下方面：一是平均分和标准差，它们可以反映学生整体的学习水平和成绩的离散程度。二是成绩分布情况，包括高分段、中分段和低分段的学生比例，这有助于教师了解学生的学习差异。三是错误率较高的试题和知识点，这可以帮助教师发现教学中的问题和不足。

通过对成绩进行统计分析，教师可以更全面地了解学生的学习情况，为教学策略的调整提供有力支持。同时，教师还应将成绩统计分析结果及时反馈给学生和家长，帮助他们了解自己的学习情况和存在的问题，以便及时调整学习策略。

（四）反馈与教学策略调整

试卷分析的最终目的是改进教学和提高学生的学习效果。因此，在完成了试卷分析和成绩统计分析之后，教师应根据分析结果及时调整教学策略。

首先，教师应根据试卷分析的结果，发现教学中的问题和不足，并制定相应的改进措施。例如，如果试卷分析结果显示学生在某个知识点上掌握不牢固，那么教师应该加强该知识点的讲解和练习。

其次，教师应根据成绩统计分析的结果，针对不同水平的学生制定个性化的教学策略。对于成绩优秀的学生，教师可以适当提高教学难度，以激发他们的学习潜力；对于成绩较差的学生，教师应给予更多的关注和帮助，帮助他们提高学习效果。

最后，教师还应鼓励学生进行自我反思和总结，帮助他们发现自己在学习中的优点和不足，以便更好地发挥自己的潜力。

通过反馈与教学策略的调整，教师可以不断改进教学方法，提高教学效果，促进学生的学习和发展。

三、作业评价法

（一）作业布置与要求

作业是教学过程中的重要环节，它不仅是学生巩固课堂知识、提高实践能力的途径，也是教师了解学生学习情况、进行教学调整的依据。因此，作业的布置与要求至关重要。

在作业布置方面，教师应根据学生所在年级、学科特点、教学目标等因素，合理设计作业内容和形式。作业内容应紧扣课堂教学内容，能够帮助学生巩固和深化所学知识；作业形式应多样化，既能满足学生的个性化需求，又能激发学生的学习兴趣。同时，教师还应明确作业的要求和完成时间，确保学生能够按时、按质完成作业。

此外，作业的布置还需考虑学生的实际情况。教师应根据学生的学习水平、兴趣爱好等因素，为不同学生布置不同难度和类型的作业。这样既能保证作业具有针对性，又能避免学生因作业难度过大或过小而产生挫败感或厌倦感。

在作业要求方面，教师应注重培养学生的独立思考和创新能力。作业设计应具有一定的开放性和挑战性，鼓励学生运用所学知识解决实际问题。同时，教师还应注重作业的规范性和整洁度，要求学生认真书写、仔细核对，养成良好的学习习惯。

（二）作业完成质量评估

作业完成质量评估是作业评价法的核心环节。教师应对学生的作业进行认真、细致的批改，从作业的正确性、完整性、规范性等方面进行全面评估。

在评估作业正确性时，教师应注重检查学生的解题思路和答案的准确性。对于错误的答案，教师应指出错误原因，并给出正确的解题方法和思路。同时，教师还应关注学生在解题过程中暴露出的知识漏洞和思维障碍，以便在教学中进行有针对性的讲解和辅导。

在评估作业完整性和规范性时，对于不完整的作业，教师应要求学生补充完整；对于不符合规范的作业，教师应指出问题所在，并要求学生进行改正。这样既能帮助学生养成良好的学习习惯，又能提高作业的质量和价值。

此外，教师还应根据作业的难度和类型，为学生设定合理的评分标准。评分标准应公开、公正、透明，确保评价的客观性和公正性。

（三）作业反馈与指导

作业反馈与指导是作业评价法的重要环节。教师应在批改作业后，及时向学生反馈作业情况，帮助学生了解自己的学习状况。

在作业反馈方面，教师应注重肯定学生的优点和进步，同时指出存在的问题和不足。对于表现优秀的学生，教师应给予表扬和奖励；对于存在问题的学生，教师应给予耐心的指导和帮助。这样既能激发学生的学习兴趣和自信心，又能帮助学生及时纠正错误、改进学习方法。

在作业指导方面，教师应根据学生的作业情况和存在的问题，为学生提供具体的指导建议。指导建议应具有针对性和可操作性，能够帮助学生解决学习中遇到的困难和问题。同时，教师还应关注学生的情感需求和心理状态，为学生营造积极向上的学习氛围。

（四）作业评价对教学的促进作用

作业评价对教学的促进作用不容忽视。通过作业评价，教师可以了解学生的学习情况和存在的问题，从而调整教学方法和策略。

首先，作业评价可以帮助教师了解学生对课堂知识的掌握情况。通过分析学生的作业情况，教师可以发现学生在学习中存在的知识漏洞和思维障碍，从而在教学中进行有针对性的讲解和辅导。这有助于提高学生的学习效果。

其次，作业评价可以促进教师与学生之间的交流和互动。通过批改作业和反馈作业情况，教师可以与学生建立密切的联系和沟通渠道，及时了解学生的学习需求和困惑，为学生提供个性化的指导和帮助。这有助于激发学生的学习兴趣和积极性，提高学生的学习动力和参与度。

最后，作业评价还可以帮助教师进行教学反思和改进。通过分析学生的作业情况和存在的问题，教师可以反思自己的教学方法和策略是否得当，是否满足学生的需求。同时，教师还可以借鉴其他教师的优秀做法和经验，不断完善自己的教学方法和策略，提高教学效果和质量。

四、教师自我反思法

（一）教学过程回顾

教师自我反思法的第一步是教学过程回顾。在这一阶段，教师需要对整个教学过程进行详细的梳理和回顾。这包括课前准备、课堂讲授、学生互动、作业布置与批改以及课后辅导等环节。

在回顾过程中，教师应关注自己在各个环节中的表现，如教学方法的选择是否恰当、课堂管理是否有效、学生参与度如何等。同时，教师还需思考自己在教学过程中是否充分发挥了学生的主体作用，是否激发了学生的学习兴趣和积极性。

此外，教师还需对教学过程中出现的问题进行反思。例如，是否出现了教学进度过快或过慢、学生难以理解某些知识点、课堂气氛沉闷等问题。通过对这些问题的反思，教师可以找出自己在教学中存在的不足和需要改进的地方。

在回顾过程中，教师还可以借助摄像机、录音笔等教学辅助工具，更加客观地了解自己在教学中的表现，从而更加全面地反思自己的教学过程。

（二）教学效果评估

教学效果评估是教师自我反思法的重要环节。在这一阶段，教师需要对教学效果进行全面的评估，以了解学生对知识的掌握情况、学习能力的提升程度以及学习兴趣和动力的变化等。

评估教学效果时，教师可以采用多种方法，如课堂观察、学生作业分析、测试成绩分析等。通过这些方法，教师可以获取大量的数据和信息，从而对教学效果进行客观的评价。

在评估过程中，教师应注重分析学生的表现和反馈。学生的作业和测试成绩可以反映出他们对知识的掌握情况；学生的课堂表现和参与度可以反映出他们的学习兴趣和动力；学生的课后反馈和建议可以反映出他们对教学的看法和需求。通过分析这些信息，教师可以了解教学效果的优点和不足，为下一步的问题识别与改进提供依据。

（三）问题识别与改进

在回顾教学过程和评估教学效果的基础上，教师需要对教学中存在的问题进行识别和改进。这一阶段是教师自我反思法的关键所在。

在问题识别过程中，教师应从多个角度进行分析和思考。首先，教师可以从教学效果评估的结果中找出存在的问题和不足。其次，教师可以回顾自己的教学过程和教学方法，找出可能存在的问题和需要改进的地方。最后，教师还可以结合学生的反馈和建议，发现教学中存在的问题和需要改进的地方。

在识别问题后，教师应制定具体的改进措施。这些措施应具有针对性和可操作性，能够切实解决教学中存在的问题。例如，如果教师在教学方法上存在不足，可以学习新的教学方法和技巧；如果教师在课堂管理上存在问题，可以加强课堂纪律的维护和管理；如果学生在某个知识点上存在困难，可以加强该知识点的讲解和练习等。

在制定改进措施后，教师应积极实施并跟踪效果。通过不断的实践和调整，教师可以逐步改进自己的教学方法和策略，提高教学效果和质量。

（四）反思日记与教学成长

反思日记是教师自我反思法的重要工具之一。通过记录自己的教学反思和成长经历，教师可以不断总结经验教训、发现问题和不足，并寻找解决问题的方法。

在撰写反思日记时，教师应注重记录自己在教学中的思考和感悟。例如，可以记录自己在某个教学环节中遇到的问题和解决方法、学生在学习中的表现和反馈、自己对教学方法和策略的调整和改进等。这些记录不仅可以帮助教师回顾自己的教学过程和教学效果，还可以为今后的教学提供有益的参考。

同时，反思日记还可以促进教师的专业成长和发展。通过不断地反思和总结自己的教学实践经验，教师可以逐渐提高自己的教学水平和教育教学能力，成为一名更加优秀的教育工作者。

总之，教师自我反思法是一种重要的教学方法和手段。通过回顾教学过程、评估教学效果、识别问题与改进以及撰写反思日记等环节，教师可以不断总结经验教训、发现问题和不足，并寻找解决问题的方法。这不仅有助于提高教师教学效果和质量，还有助于促进教师的专业成长和发展。

第二节 现代高等职业教育教学质量检测技术的应用

一、在线教学平台数据分析

（一）学生学习行为分析

在线教学平台的数据分析首先关注的是学生的学习行为。学生的学习行为是评估教师教学效果和学生学习状态的重要指标。通过对在线平台上的学习数据进行深度挖掘，教师可以洞察学生的学习习惯、学习进度以及学习成效。

首先，教师可以分析学生的登录频率和时长，这能够反映学生对在线课程的参与度和投入度。如果学生的登录频率高、时间长，说明学生对课程有较高的兴趣和热情；反之，则可能意味着学生对课程缺乏兴趣或存在其他障碍。

其次，教师可以分析学生的学习路径和进度。通过追踪学生在不同课程模块之间的跳转和停留时间，教师可以了解学生对知识点的掌握情况和学习难点。如果学生在某个模块停留时间过长或重复学习，这可能意味着该模块的内容较难理解或需要更多的练习。

最后，教师还可以通过分析学生的作业完成情况和测试成绩，来评估学生的学习效果。作业和测试是检验学生学习成果的重要手段，通过分析这些数据，教师可以了解学生对知识点的掌握程度，以及在学习中存在的问题和不足。

通过对学生学习行为的分析，教师可以更加全面地了解学生的学习状态和需求，为教学提供有针对性的指导和支持。

（二）教学资源使用情况

在线教学平台上的教学资源是学生学习的重要支撑。通过对教学资源使用情况的数据分析，教师可以了解学生对资源的偏好和需求，以及资源的质量和效果。

首先，教师可以分析不同类型教学资源的访问量和下载量。这可以反映出学生对不同资源类型的需求和偏好。例如，视频教程可能更受学生欢迎，而文字资料则可能较少被访问。根据这些数据，教师可以调整教学资源的类型和数量，以满足学生的需求。

其次，教师可以分析教学资源的利用率和效果。通过分析学生在使用资源后的学习成果和反馈，教师可以评估资源的质量和效果。如果某个资源的使用率高且学生反馈良好，则说明该资源具有较高的质量和效果；反之，则需要考虑优化或替换该资源。

最后，教师还可以通过分析教学资源的更新频率和时效性，来评估资源的更新速度和质量。在线教学平台上的教学资源需要不断更新以保持其时效性和有效性。如果资源的更新频率低或时效性差，则可能无法满足学生的学习需求。

通过对教学资源使用情况的分析，教师可以更加精准地把握学生的学习需求和资源需求，为教学提供更加优质和高效的支持。

（三）互动与讨论参与度

在线教学中的互动与讨论是促进学生思考和交流的重要方式。通过对互动与讨论参与度的数据分析，教师可以了解学生的学习态度和参与度，以及教学效果的反馈。

首先，教师可以分析学生在课堂讨论中的发言次数和质量。这可以反映出学生的参与度和思考深度。如果学生的发言次数多且质量高，则说明学生积极参与课堂讨论并深入思考；反之，则可能需要教师引导和鼓励。

其次，教师可以分析学生在在线社区或论坛中的活跃度和贡献度。在线社区和论坛是学生交流和分享学习心得的重要平台。如果学生在这些平台上活跃度高且贡献度大，则说明学生积极参与学习交流和分享；反之，则可能需要教师加强引导和激励。

最后，教师还可以通过分析学生在互动和讨论中的反馈和建议，来评估教学效果和学生的学习体验。学生的反馈和建议是改进教学和提升学习体验的重要依据。通过分析这些数据，教师可以了解学生对教学的看法和需求，为教学提供有针对性的改进方向。

（四）数据驱动的教学改进

在线教学平台的数据分析不仅可以帮助教师了解学生的学习情况和教学资源使用情况，还可以为教学改进提供有力的支持。通过对数据的深度挖掘和分析，教师可以发现教学中存在的问题和不足，并制定相应的改进措施。

首先，教师可以根据学生的学习行为分析，调整教学内容和教学方法。

例如，如果发现学生在某个知识点上存在困难，教师可以增加相关的教学内容和练习；如果发现学生对某种教学方法不感兴趣或效果不佳，教师可以尝试采用其他教学方法来激发学生的学习兴趣和积极性。

其次，教师可以根据教学资源使用情况的分析，优化教学资源的配置和更新。例如，如果某个资源的使用率低且反馈不佳，教师可以考虑替换或优化该资源；如果某个资源的使用率高且反馈良好，教师可以加大该资源的投入和更新力度。

最后，教师还可以根据互动与讨论进行对学生参与度的分析，以便加强学生的参与度和互动性。例如，教师可以设置更多的讨论环节和互动任务来激发学生的参与热情；同时，教师也可以关注学生的反馈和建议，及时调整教学方法和策略以满足学生的需求和期望。

总之，在线教学平台的数据分析为教学改进提供了有力的支持。通过深度挖掘和分析数据中的信息和规律，教师可以发现教学中存在的问题和不足并制定相应的改进措施，从而提升教学效果和质量。

二、学习管理系统（LMS, Learning Management System）

（一）学生进度跟踪

学习管理系统的核心功能之一是学生进度跟踪。这一功能通过记录和分析学生的学习活动，为教师提供关于学生学习进度的实时信息，从而帮助教师更好地了解学生的学习状态和需求。

首先，学生进度跟踪功能能够详细记录学生的学习行为，包括登录时间、学习时长、课程完成情况等。这些数据不仅为教师提供了学生是否积极参与学习的直观信息，还能揭示出学生的学习习惯和偏好。例如，通过分析学生的登录时间，教师可以发现学生更倾向于在哪些时间段进行学习，从而调整教学安排以更好地适应学生的学习节奏。

其次，学生进度跟踪功能能够实时更新学生的学习进度，并允许教师随时查看。这使得教师能够及时了解学生的课程完成情况，包括哪些课程已完成、哪些课程正在进行中以及哪些课程尚未开始。这种实时的信息更新有助于教师更好地掌握学生的学习进度，并在必要时提供个性化的学习指导。

此外，学生进度跟踪功能还能帮助教师发现学生的学习困难和问题。通过分析学生的学习数据，教师可以发现学生在哪些知识点上花费了较多时间或重复学习，从而判断学生对这些知识点的掌握程度。这些信息对于教师来说是非常宝贵的，因为它们可以帮助教师制定更有针对性的教学策略，以帮助学生克服学习困难。

总之，学生进度跟踪功能是 LMS 中不可或缺的一部分。它不仅能够为教师提供关于学生学习进度的实时信息，还能帮助教师更好地了解学生的学习状态和需求，从而制定更有效的教学策略。

（二）成绩与评估数据管理

学习管理系统在成绩与评估数据管理方面也发挥着重要作用。通过集成强大的数据管理功能，LMS 能够为教师提供全面、准确的学生成绩和评估数据，帮助教师更好地了解学生的学习表现和进步情况。

首先，LMS 能够自动收集和整理学生的成绩数据。无论是作业成绩、测试成绩还是其他形式的评估结果，LMS 都能够自动将其录入系统并生成详细的成绩报告。这不仅减轻了教师的工作负担，还确保了数据的准确性和可靠性。

其次，LMS 提供了多种数据分析和可视化工具，帮助教师更深入地了解学生的学习表现。教师可以通过查看成绩趋势图、成绩分布图等图表，直观地了解学生在不同时间段和不同课程上的成绩变化。这些图表不仅能够帮助教师发现学生的学习问题，还能够为教师教学决策提供有力支持。

此外，LMS 还支持自定义评估标准和评分规则。教师可以根据自己的教学需求，设置不同的评估项目和评分标准，以更全面地评价学生的学习表现。同时，LMS 还允许教师将学生的成绩数据与其他数据进行关联分析，以发现潜在的学习问题和改进方向。

总之，成绩与评估数据管理功能是 LMS 中的一项重要功能。它不仅能够为教师提供全面、准确的学生成绩和评估数据，还能够为教师提供强大的数据分析和可视化工具，帮助教师更好地了解学生的学习表现和进步情况。

（三）个性化学习路径推荐

随着教育技术的不断发展，个性化学习已成为教育领域的一个重要趋势。学习管理系统通过提供个性化学习路径推荐功能，为学生提供了更加符合其学习需求和兴趣的学习体验。

首先，LMS 通过收集和分析学生的学习数据，了解学生的学习偏好、能力水平和学习目标。这些数据为个性化学习路径的推荐提供了重要依据。例如，通过分析学生的学习成绩和作业完成情况，LMS 可以判断学生对不同知识点的掌握程度，并据此推荐适合其学习的课程和资源。

其次，LMS利用先进的算法和模型，为每个学生生成个性化的学习路径。这些学习路径不仅考虑了学生的当前学习水平，还考虑了其学习目标和兴趣。通过为学生推荐符合其学习需求和兴趣的课程和资源，LMS能够帮助学生更加高效地学习，并提高其学习动力和兴趣。

此外，LMS还支持学生自主学习和个性化定制。学生可以根据自己的学习进度和兴趣，自主选择课程和资源进行学习。同时，LMS还允许学生根据自己的学习需求，定制个性化的学习计划和目标。这种自主学习和个性化定制的学习方式，有助于培养学生的自主学习能力和创新精神。

总之，个性化学习路径推荐功能是LMS中的一项重要功能。它不仅能够为学生提供更加符合其学习需求和兴趣的学习体验，还能够帮助学生更加高效地学习，并提高其学习动力和兴趣。

（四）教学决策支持

学习管理系统不仅为学生提供了强大的学习支持，还为教师提供了有效的教学决策支持。通过集成多种数据分析和决策支持工具，LMS能够帮助教师制定更加科学、合理的教学策略。

首先，LMS提供了丰富的数据分析功能。教师可以通过查看学生的学习进度、成绩数据和评估结果等，全面了解学生的学习表现和进步情况。同时，LMS还支持对学生的学习数据进行深度挖掘和分析，帮助教师发现潜在的学习问题和改进方向。

其次，LMS为教师提供了多种决策支持工具。例如，教师可以通过课程推荐算法，为学生推荐适合其学习需求和兴趣的课程；通过预测模型，预测学生的学习表现和潜在问题；通过评估工具，对学生的学习成果进行客观、准确的评价等。这些决策支持工具不仅能够帮助教师制定更加科学、合理的教学策略，还能够提高教师的教学效率和效果。

此外，LMS 还支持教师之间的协作和交流。教师可以通过 LMS 平台分享教学经验、教学资源和教学成果等，与同行进行交流和合作。这种协作和交流有助于教师不断学习和成长，提高教学水平和质量。

三、人工智能技术在教学质量检测中的应用

（一）智能评分系统

随着人工智能技术的不断发展，智能评分系统在教学质量检测中发挥着越来越重要的作用。智能评分系统通过机器学习、自然语言处理等技术，能够自动评估学生的作业、试卷等学习成果，为教师提供快速、准确的评分结果。

首先，智能评分系统的应用，极大地提高了评分的效率。传统的评分方式需要教师逐一查看学生的作业或试卷，耗费大量时间和精力。而智能评分系统能够在短时间内完成大量作业的评分工作，大大减轻了教师的负担。

其次，智能评分系统能够确保评分的客观性和公正性。传统评分过程中，教师可能受到主观因素的影响，导致评分结果存在偏差。而智能评分系统基于预设的评分标准和算法进行评分，避免了人为因素的干扰，使得评分结果更加客观、公正。

最后，智能评分系统还能够提供详细的评分反馈。通过对学生的作业或试卷进行深度分析，智能评分系统能够指出学生存在的问题和不足，并给出

具体的改进建议。这些反馈对于学生来说非常宝贵，能够帮助他们更好地了解自己的学习状况，找到提高学习效果的方法。

总之，智能评分系统在教学质量检测中的应用，不仅提高了评分的效率和公正性，还为教师和学生提供了更加详细、准确的评分反馈，有助于提升教师的教学质量和学生的学习效果。

（二）情感分析与学习体验优化

人工智能技术中的情感分析功能，在教学质量检测中同样具有重要应用价值。情感分析技术能够分析学生在学习过程中产生的情感数据，如文本、语音等，从而了解学生的学习体验和心理状态。

情感分析技术可以帮助教师了解学生对课程的喜好程度。通过分析学生在课堂讨论、在线社区等场景中的发言内容，教师可以了解学生对课程的兴趣点和关注点，从而调整教学内容和方式，提高学生的学习兴趣和参与度。

此外，情感分析技术还可以帮助教师发现学生在学习过程中可能存在的心理问题。例如，通过分析学生的文本发言内容，教师可以发现学生是否存在焦虑、沮丧等负面情绪，并及时给予关注和帮助。这种对学生心理状态的关注，有助于建立更加健康、积极的学习氛围。

通过情感分析技术，教师可以更加全面地了解学生的学习体验和心理状态，从而优化教学设计和教学策略，提升教学质量和学生的学习效果。

（三）预测分析与预警系统

在教学质量检测中，预测分析与预警系统也是人工智能技术的重要应用之一。该系统通过分析学生的学习数据和其他相关信息，预测学生的学习表现和发展趋势，并在必要时发出预警。

预测分析系统可以帮助教师提前发现学生可能存在的问题。通过分析学生的学习进度、成绩数据等信息，系统可以预测学生在未来可能遇到的困难和挑战，并提前给出解决方案和建议。这有助于教师提前介入、及时干预，避免学生出现严重的学习问题。

同时，预警系统可以实时监测学生的学习状态。一旦发现学生的学习状态出现异常或偏离预设轨道，系统可以立即发出预警信号，提醒教师关注并采取相应的措施。这种实时监测和预警功能，有助于教师及时发现并解决问题，保障学生的学习效果和教师的教学质量。

总之，预测分析与预警系统在教学质量检测中的应用，可以帮助教师提前发现学生可能存在的问题并采取相应的措施进行干预和解决，从而提升教学质量和学生的学习效果。

（四）教学策略的智能推荐系统

人工智能技术在教学质量检测中的另一个重要应用是教学策略的智能推荐系统。通过分析学生的学习数据和其他相关信息，系统可以推荐适合学生的个性化教学策略和方法。

教学策略的智能推荐系统可以基于学生的学习特点和需求进行推荐。通过分析学生的学习成绩、学习习惯、兴趣爱好等信息，系统可以了解学生的学习特点和需求，并据此推荐适合的教学策略和方法。这些推荐的教学策略和方法能够更好地满足学生的学习需求和发展潜力，提高学生的学习效果和满意度。

同时，教学策略的智能推荐系统还可以为教师提供决策支持。通过分析学生的学习数据和评估结果等信息，系统可以评估当前教学策略的有效性，并给出改进建议或新的教学策略推荐。这有助于教师不断优化教学策略和方法，提高教学效果和质量。

总之，教学策略的智能推荐系统在教学质量检测中的应用，能够为教师提供个性化的教学策略推荐和决策支持，帮助教师更好地满足学生的学习需求和发展潜力，提升教学质量和学生的学习效果。

四、大数据在教学质量检测中的作用

（一）数据收集与整合

在教学质量检测中，大数据的首要作用体现在数据收集与整合方面。随着教育技术的快速发展，教学过程中产生的数据量日益庞大，包括学生的学习成绩、作业完成情况、课堂互动记录、在线学习行为等。这些数据分散在多个平台和系统中，难以进行有效的管理和利用。而大数据技术的出现，为解决这一问题提供了可能。

大数据能够实时、全面地收集各类教学数据，并将它们整合到一个统一的数据库中。这不仅包括学生的个人信息、学习进度等结构化数据，还包括了学生的学习笔记、讨论发言等非结构化数据。通过数据整合，教师可以得到一个全面、细致的学生学习画像，为后续的数据分析提供坚实的数据基础。

数据收集与整合的过程还涉及数据清洗和标准化处理。由于数据来源多样，数据质量参差不齐，因此需要对数据进行清洗和标准化处理，确保数据的准确性和一致性。这一过程需要运用大数据的预处理技术，包括数据去重、缺失值填充、异常值处理等。

总之，大数据在教学质量检测中的数据收集与整合作用，为教师提供了一个全面、细致的学生学习画像，也为后续的数据分析提供了坚实的数据基础。

（二）数据挖掘与分析

在数据收集与整合的基础上，大数据的另一个重要作用是数据挖掘与分析。通过对海量教学数据的深度挖掘和分析，教师可以发现隐藏在数据背后的规律和趋势，为教学质量检测提供有力的支持。

数据挖掘技术可以帮助教师发现学生学习的难点和痛点。例如，通过对学生作业和测试数据的分析，教师可以发现学生在哪些知识点上容易出错，从而有针对性地调整教学内容和教学方法。此外，数据挖掘技术还可以帮助教师识别学生的学习风格和偏好，为个性化教学提供数据支持。

除了对学生的学习数据进行分析外，大数据还可以对教师的教学行为进行分析。例如，通过对教师的授课视频、课堂互动记录等数据的分析，大数据可以评估教师的教学水平和教学效果，为教师培训和专业发展提供参考。

在数据挖掘与分析的过程中，教师还需要运用各种数据分析方法和工具，如描述性统计分析、相关性分析、聚类分析等。这些方法和工具可以帮助教师更加深入地挖掘数据中的规律和趋势，为教学质量检测提供更加准确的依据。

（三）教学质量趋势预测

大数据在教学质量检测中的另一个重要作用是教学质量趋势预测。通过对历史教学数据的分析，教师可以预测未来教学质量的发展趋势，为教学决策提供前瞻性的指导。

教学质量趋势预测可以分别帮助学生和教师更好地规划未来的学习和教学计划。例如，通过对学生学习进度和成绩数据的预测，学生可以提前了解自己在未来可能遇到的挑战和困难，从而调整学习策略和方法。同时，教师也可以根据预测结果调整教学内容和教学方法，以更好地满足学生的学习需求。

教学质量趋势预测还可以帮助学校和教育管理部门及时发现和解决教学质量问题。通过对多个班级、多个学科的教学质量数据进行分析和比较，教师可以发现教学质量存在的问题和不足之处，并制定相应的改进措施。

在教学质量趋势预测的过程中，教师需要运用时间序列分析、机器学习等预测算法和技术。这些算法和技术可以帮助教师更加准确地预测教学质量的发展趋势，为教学决策提供有力支持。

（四）基于大数据的教学决策

大数据在教学质量检测中的最终目的是为教学决策提供有力支持。通过数据收集与整合、数据挖掘与分析以及教学质量趋势预测等步骤，教师可以获得大量关于学生和教学的数据和信息。这些数据和信息可以为教学决策提供有力的参考和依据。

基于大数据的教学决策可以更加科学、准确地评估教学质量和学生的学习效果。通过对数据的深入分析，教师可以发现教学过程中的问题和不足之处，并制定相应的改进措施。同时，基于大数据的教学决策还可以为个性化教学提供有力支持。通过分析学生的学习数据和行为数据，教师可以为每个学生提供量身定制的教学方案和学习路径。

此外，基于大数据的教学决策还可以帮助学校和教育管理部门制定更加科学、合理的教学政策和措施。通过对多个学校、多个学科的教学质量数据进行分析和比较，教师可以发现教学质量的共性和差异之处，并制定相应的政策和措施来促进教学质量的提升。

总之，大数据在教学质量检测中发挥着越来越重要的作用。通过数据收集与整合、数据挖掘与分析以及教学质量趋势预测等步骤，教师可以为教学决策提供有力支持，促进教师教学质量的提升和学生学习效果的提高。

第三节　学生评价在教学质量检测中的作用

一、学生评价的重要性

（一）学生视角的反馈

在教育领域，学生评价的重要性首先体现在其为学生视角提供的宝贵反馈上。学生是教学活动的直接参与者，他们的感受和体验对于评价教学质量具有至关重要的作用。学生评价不仅反映了学生对于教学内容的掌握程度，还揭示了教学方法、课堂氛围、师生互动等多个方面的真实情况。

学生评价作为一种特殊的反馈机制，其优势在于直接性和即时性。相比于其他评价手段，如教师自评、同行评价等，学生评价更能直接反映教学效果的实际情况。因为学生是教学活动的直接接受者，他们的感受和评价更为直观和真实。此外，学生评价还具有即时性，能够即时反映教学过程中存在的问题，为教师提供及时调整和改进的依据。

学生评价还可以帮助教师更全面地了解学生的学习状况和需求。通过学生的评价，教师可以了解学生对于教学内容的理解程度、对于教学方法的接受程度以及对于课堂氛围的满意度等。这些信息对于教师优化教学内容、改进教学方法以及营造更好的课堂氛围具有重要的参考价值。

此外，学生评价还可以促进师生之间的交流和沟通。学生在评价过程中可以表达自己的观点和想法，教师可以倾听并理解学生的需求和建议。这种交流和沟通有助于建立更加和谐、融洽的师生关系，提高教学效果和学生的学习满意度。

（二）教学改进的依据

学生评价作为教学改进的重要依据，对于提升教学质量具有不可替代的作用。通过学生评价，教师可以了解自己在教学中存在的问题和不足，从而有针对性地进行改进和提升。

首先，学生评价可以帮助教师发现教学方法上的问题。不同的学生有不同的学习需求和特点，一种教学方法可能无法满足所有学生的需求。通过学生评价，教师可以了解学生对于教学方法的接受程度和满意度，从而调整和丰富教学方法，使之更加符合学生的需求和特点。

其次，学生评价还可以帮助教师发现教学内容上的问题。教学内容是否符合学生的实际情况、是否具有足够的深度和广度等都是影响教学效果的重要因素。

最后，学生评价还可以帮助教师发现课堂管理上的问题。课堂氛围、师生互动等因素都会影响学生的学习效果。通过学生评价，教师可以了解课堂氛围和师生互动的实际情况，从而采取相应的措施来优化课堂管理，提高教学效果。

（三）教学质量持续提升的动力

学生评价不仅是教学改进的依据，更是教学质量持续提升的动力。通过对学生的评价进行持续的跟踪和分析，教师可以不断地发现问题、改进问题，从而推动教学质量的持续提升。

首先，学生评价可以激发教师的教学热情和积极性。当教师看到自己的教学得到学生的认可和肯定时，会感到满足和自豪，从而更加努力地投入教学工作中。这种正面的激励作用有助于激发教师的教学热情和积极性，提高教学效果和学生的学习满意度。

其次，学生评价可以推动教学改革的深入。通过对学生评价的分析和研究，教师可以发现教学中存在的问题和不足，从而推动教学改革的深入。这种基于学生评价的教学改革更加符合学生的需求和特点，有助于提高教学质量和学生的学习效果。

最后，学生评价还可以促进教育资源的优化配置。通过对不同学科、不同课程的学生评价进行比较和分析，可以发现不同学科、不同课程在教学质量上存在的差异。这有助于教育管理部门更加科学、合理地配置教育资源，提高教育资源的利用效率和效益。

二、学生评价的方式

（一）问卷调查

问卷调查是学生评价中最为常见和广泛使用的一种方式。它以其标准化、系统化的特点，能够迅速收集大量学生的反馈意见，为教学质量评估提供有力支持。

问卷调查的优势在于其高效性和可量化性。通过设计合理的问卷，可以系统地收集学生对教学内容、教学方法、教师表现等多方面的评价。同时，问卷调查的结果可以通过数据分析软件进行统计和处理，得出量化的评价结果，便于比较和分析。

然而，问卷调查也存在一定的局限性。首先，问卷的设计需要充分考虑学生的认知能力和兴趣点，避免过于复杂或枯燥的问题设计。其次，问卷的发放和回收需要投入大量的人力和时间，对于大型教育机构而言可能存在一定的操作难度。此外，问卷调查的结果可能受到学生主观因素的影响，如填写问卷时的情绪状态、对问题的理解程度等。

为了充分发挥问卷调查在学生评价中的作用，教师可以采取以下措施：一是精心设计问卷，确保问题的针对性和有效性。二是合理安排问卷的发放和回收时间，确保学生能够充分参与。三是结合其他评价方式，如访谈和座谈会等，对问卷调查的结果进行验证和补充。

（二）访谈与座谈会

访谈与座谈会是学生评价的一种重要方式，它能够更加深入地了解学生的想法和感受，为教学质量评估提供更加丰富的信息。

访谈与座谈会的优势在于其灵活性和互动性。通过面对面的交流，教师可以深入了解学生对教学的真实感受，发现教学中存在的问题和不足。同时，学生也可以向教师提出自己的建议和意见，促进师生之间的交流。

然而，访谈与座谈会也存在一定的局限性。首先，访谈和座谈会的开展需要投入大量的人力和时间，对于教师而言可能存在一定的压力。其次，访谈和座谈会的结果可能受到学生个人性格和表达能力的影响，导致信息的不完整或失真。

为了充分发挥访谈与座谈会在学生评价中的作用，教师可以采取以下措施：一是选择合适的访谈对象，确保样本的代表性。二是营造轻松、自由的交流氛围，鼓励学生积极发言。三是及时整理和分析访谈结果，发现教学中存在的问题和不足，并制定相应的改进措施。

（三）教学评价平台

随着信息技术的不断发展，教学评价平台逐渐成为学生评价的新趋势。通过在线平台，学生可以随时随地提交自己的评价意见，为教学质量评估提供便捷、高效的途径。

教学评价平台的优势在于其便捷性和实时性。学生可以随时登录平台，对教师的教学进行即时评价。同时，平台还可以自动收集和分析学生的评价数据，为教师提供可视化的评价结果。

然而，教学评价平台也存在一定的挑战。首先，平台的建设和维护需要投入一定的技术资源，对于教育机构而言可能存在一定的成本压力。其次，平台的安全性和稳定性也是需要考虑的问题，以确保学生评价数据的真实性和可靠性。

为了充分发挥教学评价平台在学生评价中的作用，教育机构可以采取以下措施：一是加强平台的建设和维护，确保平台的稳定性和安全性。二是鼓励学生积极参与平台评价，提高评价的参与度和覆盖率。三是结合其他评价方式，如问卷调查和访谈等，对平台评价的结果进行验证和补充。

（四）社交媒体与在线论坛

社交媒体与在线论坛作为新兴的学生评价方式，以其开放性和互动性强的特点，为学生提供了更加自由、便捷的表达渠道。

社交媒体与在线论坛的优势在于其开放性和多元性。学生可以在平台上自由发表自己的观点和看法，与其他学生和教师进行交流。这种开放性的评价方式有助于发现教学中存在的问题和不足，促进教学质量的持续改进。

然而，社交媒体与在线论坛也存在一定的风险和挑战。首先，平台上可能存在大量的"噪声"和虚假信息，需要教师进行筛选和鉴别。其次，学生在平台上发表的言论可能受到其他因素的影响，如网络暴力、个人隐私泄露等。

为了充分发挥社交媒体与在线论坛在学生评价中的作用，教师可以采取以下措施：一是积极参与平台讨论，了解学生的真实想法和需求。二是及时回应学生的疑问和建议，建立良好的互动关系。三是引导学生文明参与讨论，维护良好的网络环境。

三、学生评价数据的处理与分析

（一）数据清洗与整理

在学生评价数据的处理过程中，数据清洗与整理是首要且关键的步骤。这一步骤的目的是确保收集到的评价数据准确、完整、可靠，为后续的数据分析提供坚实的基础。

数据清洗主要包括去除重复数据、处理缺失值、修正错误数据等。由于学生评价数据往往来源于不同的渠道和方式，可能存在重复提交、部分信息缺失或填写错误等问题。因此，需要对原始数据进行逐一检查和核对，确保数据的准确性和完整性。

数据整理则是将清洗后的数据按照一定的规则进行分类、排序和整合，以便后续的数据分析。在数据整理过程中，需要根据评价内容的不同，将数据划分为不同的类别，如教学内容、教学方法、教师表现等。同时，还需要对数据进行排序和整合，以便更加直观地展示评价结果。

在数据清洗与整理过程中，需要注意保护学生的隐私和信息安全，确保数据的合法性和合规性。同时，还需要建立数据备份和恢复机制，以防数据丢失或损坏。

（二）数据分析方法与工具

数据分析是评价数据处理的核心环节，它通过运用各种统计方法和分析工具，对评价数据进行深入挖掘和解读，揭示数据背后的规律和趋势。

常用的数据分析方法包括描述性统计分析、因子分析、回归分析等。描述性统计分析主要用于描述评价数据的基本情况，如平均值、标准差、频数分布等；因子分析则用于提取评价数据中的潜在因子，揭示不同评价指标之间的内在关系；回归分析则用于研究不同因素对学生评价的影响程度和方向。

在数据分析过程中，还需要借助各种数据分析工具，如 Excel、SPSS（Statistical Product and Serice Solutions）、R 语言等，这些工具提供了丰富的数据分析功能与可视化手段，能够帮助教师更加方便地进行数据分析。

在选择数据分析方法和工具时，需要根据评价数据的具体情况和分析目的进行综合考虑，确保分析结果的准确性和可靠性。同时，还需要注意数据的可解释性和可应用性，以便将分析结果用于指导教学改进和决策制定。

（三）结果解读与反馈

结果解读与反馈是评价数据处理的重要环节，它将数据分析的结果转化为具体的改进建议和措施，为教学改进提供有力的支持。

在结果解读过程中，需要对数据分析结果进行深入解读和挖掘，发现其中的规律和趋势。同时，还需要结合实际情况和教学经验，对结果进行合理解释和归纳。在结果解读的基础上，可以形成具体的改进建议和措施，如调整教学内容、改进教学方法、加强师生互动等。

结果反馈则是将改进建议和措施传达给相关人员，以便他们根据建议进行有针对性的改进。在反馈过程中，需要注意反馈的方式和渠道，确保信息能够准确、及时地传达给相关人员。同时，还需要建立反馈机制，以便对改进措施的实施情况进行跟踪和评估。

（四）数据驱动的改进策略

数据驱动的改进策略是以数据分析结果为依据，制订有针对性的教学改进计划和措施。这种策略能够确保教学改进的科学性和有效性，提高教师教学质量和学生的学习效果。

在制定数据驱动的改进策略时，需要根据数据分析结果和实际情况进行综合考虑。首先，需要明确改进的目标和方向，确保改进策略与教学目标相一致。其次，需要制订具体的改进计划和措施。最后，还需要建立监测和评估机制，以便对改进措施的实施情况进行跟踪和评估。

在实施数据驱动的改进策略时，需要注意以下几点：一是要确保改进措施的科学性和可行性。二是要加强与相关人员的沟通和协作，确保改进措施能够得到有效实施。三是要建立持续改进的机制，以便不断发现问题并进行改进。

四、学生评价结果的应用

（一）教师教学改进

学生评价结果是教师教学改进的重要参考依据。通过对评价数据的深入分析，教师可以清晰地了解到自己在教学中存在的问题和不足，从而有针对性地制定改进策略。

首先，教师需要仔细阅读学生的评价反馈，特别是针对教学方法、教学内容和师生互动等方面的评价。这些反馈直接反映了学生在学习过程中的感受和体验，是改进教学的重要依据。通过深入了解学生的需求和期望，教师可以调整教学策略，优化教学内容，提升教学效果。

其次，教师需要结合评价结果进行自我反思和评估。通过对比自己的教学理念和教学方法与学生评价之间的差距，教师可以发现自己在教学中的盲点和误区。这种自我反思有助于教师更加客观地认识自己的教学表现，从而更加有针对性地进行改进。

最后，教师需要制订具体的改进计划和措施。针对评价中反映出的问题和不足，教师可以制订具体的改进方案。同时，教师还需要建立监测和评估机制，对改进措施的实施情况进行跟踪和评估，确保改进效果能够得到有效落实。

通过学生评价结果的应用，教师可以更加精准地把握学生的需求和期望，提升教学效果和教学质量。同时，这种基于数据的改进方式也有助于教师形成科学的教学观念和方法，促进教师的专业成长和发展。

（二）课程设置与优化

学生评价结果对于课程设置与优化同样具有重要意义。通过对不同课程的学生评价数据进行对比和分析，可以发现课程设置中存在的问题和不足，为课程优化提供有力支持。

首先，学生评价可以反映出课程内容的适切性和实用性。通过了解学生的需求和期望，教师可以发现课程内容是否存在过于理论化、脱离实际等问题。针对这些问题，教师可以对课程内容进行调整和优化，使其更加符合学生的实际需求。

其次，学生评价还可以反映出课程结构的合理性。通过对比不同课程的学生评价数据，教师可以发现课程结构是否存在过于单一、缺乏层次等问题。针对这些问题，教师可以对课程结构进行调整和优化，使其更加符合学生的认知规律和学习特点。

最后，学生评价还可以为新课程的开发提供重要参考。通过了解学生的兴趣和需求，教师可以发现新的教学领域和主题。基于这些新的教学领域和主题，可以开发新的课程，教师为学生提供更加多元化和个性化的学习选择。

通过学生评价结果的应用，可以不断优化课程设置和课程内容，提高课程的适切性和实用性。同时，这种基于数据的优化方式也有助于形成科学的课程体系和教学模式，提升整体的教学质量。

（三）教学质量监控与评估

学生评价结果是教学质量监控与评估的重要依据。通过对评价数据的收集和分析，可以全面了解教学质量状况，为教学质量监控和评估提供有力支持。

首先，学生评价可以反映出教学质量的整体状况。通过对比不同时间段和不同课程的学生评价数据，教师可以了解教学质量的变化趋势和存在的问题。这有助于教师及时发现教学质量问题并采取相应的措施进行改进。

其次，学生评价还可以为教学质量评估提供重要参考。通过制定科学的评价标准和指标体系，教师可以将学生评价数据与教学质量评估相结合，形成全面的教学质量评估报告。这有助于教师全面了解教学质量状况并制定相应的改进措施。

最后，学生评价还可以促进教学质量监控体系的完善。通过对学生评价数据的收集和分析，教师可以发现教学质量监控体系中存在的问题和不足，从而进行相应的改进和完善。这有助于教师形成更加科学、完善的教学质量监控体系，提升教学质量监控的效果和效率。

通过学生评价结果的应用，可以全面了解教学质量状况并采取相应的措施进行改进和监控。这有助于教师提升教学质量和教学水平，为学生提供更加优质的教育服务。

（四）学生参与与自我提升

学生评价结果的应用不仅有助于教师教学和课程设置的改进，还有助于学生参与和自我提升。

首先，学生评价可以增强学生的参与感和归属感。当学生感受到自己的评价被重视和采纳时，他们会更加积极地参与教学评价，并提出更多有价值的意见和建议。这种参与感和归属感有助于激发学生的学习热情和积极性，促进他们的全面发展。

其次，学生评价可以帮助学生更好地认识自己。通过参与评价过程并了解其他同学的评价结果，学生可以更加客观地认识自己的学习情况和表现。这种自我认识有助于学生发现自己的不足和潜力，从而制定更加明确的学习目标和计划。

最后，学生评价还可以促进学生的自我提升。通过了解教师和同学的评价反馈，学生可以发现自己在学习中存在的问题和不足，并采取相应的措施进行改进和提升。这种自我提升不仅有助于学生在学业上取得更好的成绩，还有助于他们形成积极的学习态度和习惯。

通过学生评价结果的应用，可以增强学生的参与感和归属感，帮助他们更好地认识自己并促进自我提升。这有助于培养学生的自主学习能力和终身学习的意识，为他们未来的发展奠定坚实的基础。

第四节　教师自评与互评的方法

一、教师自评的意义与流程

（一）自我反思与总结

教师自评的首要环节是自我反思与总结。这一步骤旨在让教师回顾自己的教学实践，深入思考自己在教育教学中的行为、决策和结果，从而形成对自己教学水平的客观认识。

自我反思是教师专业成长的关键环节。通过反思，教师可以发现自己在教学中存在的问题和不足，如教学方法单一、课堂氛围沉闷等。这种发现问题的过程，有助于教师更加清晰地认识自己的教学现状，为后续的教学改进提供方向。

在自我反思的过程中，教师需要保持开放和诚实的态度。要勇于面对自己的不足和错误，敢于接受他人的意见和建议。同时，教师还需要具备批判性思维，对自己的教学实践进行深入分析和思考，找出问题的根源和解决方案。

总结是自我反思的延伸。在总结中，教师需要对自己的教学实践进行全面梳理和归纳，提炼出教学中的优点和不足，以及需要改进的地方。这种总结不仅有助于教师形成清晰的教学思路，还有助于教师制订具有针对性的教学改进计划。

（二）教学目标达成度评估

教学目标达成度评估是教师自评的重要环节。它要求教师对所教授课程的教学目标进行清晰界定，并通过多种手段对学生的学习成果进行评价，以判断教学目标的达成情况。

在教学目标设定时，教师应根据课程标准、学生实际和教学环境等因素，制定具体、明确、可衡量的教学目标。这些目标应该包括知识目标、能力目标和情感目标等多个方面，以全面反映学生的学习需求和发展方向。

在评估教学目标的达成度时，教师应采用多种评价方式，如作业分析、课堂观察、学生自评和互评等。这些评价方式可以帮助学生了解自己的学习成果和进步情况，也可以为教师提供全面的教学反馈。通过对评价结果的深入分析，教师可以判断教学目标的达成情况，并找出影响目标达成的关键因素。

（三）教学策略与方法评估

教学策略与方法评估是教师自评的又一重要环节。它要求教师对所采用的教学策略和方法进行客观评估，以判断其有效性和适用性。

在评估教学策略与方法时，教师应关注以下几方面：一是教学策略是否符合学生的认知特点和学习需求。二是教学方法是否灵活多样、能否激发学生的学习兴趣。三是教学手段是否有效、能否提高教学效率。

为了评估教学策略与方法的有效性，教师可以采用问卷调查、学生访谈、课堂观察等方式收集学生的反馈意见。同时，教师还可以通过与其他教师的交流和合作，了解更多的教学策略和方法，以便更好地满足学生的学习需求和提高教学效果。

（四）持续改进与成长规划

持续改进与成长规划是教师自评的最终目的。它要求教师在自我反思和总结的基础上，制订有针对性的教学改进计划和个人成长规划，以实现教学水平和专业素养的持续提升。

在制订教学改进计划时，教师应根据自我反思和评估的结果，明确需要改进的地方和具体的改进措施。这些措施应该具有可行性和可操作性，并能够在实践中得到有效实施。同时，教师还需要建立监测和评估机制，对改进措施的实施情况进行跟踪和评估，以确保改进效果能够得到有效落实。

在个人成长规划方面，教师应根据自己的职业发展目标和专业发展方向，制订长期和短期的个人成长计划。这些计划应该包括学习新知识和技能、参与专业培训和交流活动、积累教学经验和学术成果等多个方面。通过不断学习和实践，教师可以不断提升自己的专业素养和教学水平，实现个人价值的最大化。

二、教师互评的方式与技巧

（一）观摩教学与评课

观摩教学与评课是教师互评的一种重要方式，旨在通过观摩其他教师的教学过程，进行客观、全面的评价，以促进教学经验的交流与共享。

在观摩教学中，教师应保持开放和尊重的态度，认真观察、记录和分析被观摩教师的教学过程。观察的内容可以包括教师的教学风格、教学方法、师生互动、课堂氛围等多个方面。通过观摩，教师可以发现其他教师的优点和特色，同时也可以找出自己教学中存在的问题和不足。

评课是观摩教学的重要环节。在评课中，教师应避免直接批评或指责，而应以建设性的方式提出意见和建议。评课的内容应围绕教学目标、教学内容、教学方法、教学效果等方面展开，重点分析被观摩教师在教学中的亮点和不足，并提出具体的改进建议。

为了保证评课的有效性，教师需要具备一定的评课技巧。首先，评课应基于事实和数据，避免主观臆断和情绪化评价。其次，评课应关注被观摩教师的个人成长和发展，以鼓励和支持为主，避免打击其教学积极性。最后，评课应注重双向交流，鼓励被观摩教师发表自己的观点和看法，以促进教学经验的共享和碰撞。

（二）教学案例分享与讨论

教学案例分享与讨论是教师互评的另一种有效方式，通过分享和讨论具体的教学案例，教师可以深入剖析教学中的问题，共同寻求解决方案。

在教学案例分享中，教师应选择具有代表性的案例进行分享，包括案例的背景、过程、结果和反思等方面。通过分享，教师可以让其他教师了解自己在教学中遇到的问题和挑战，以及自己的解决方法和经验。

讨论是教学案例分享的重要环节。在讨论中，教师应积极发表自己的观点和看法，与其他教师进行深入交流和碰撞。讨论的内容可以围绕案例中的教学方法、教学策略、学生反应等方面展开，重点探讨如何改进和优化教学。

为了保证讨论的有效性，教师需要具备一定的讨论技巧。首先，讨论应基于事实和案例，避免偏离主题和空洞无物。其次，讨论应注重平等和尊重，鼓励每个教师都发表自己的观点和看法。最后，讨论应注重实效和成果，通过讨论达成共识和解决方案，促进教学经验的共享和进步。

（三）教学设计与实施评价

教学设计与实施评价是教师互评的又一重要环节，通过评价教师的教学设计和实施过程，可以发现教学中的问题和不足，促进教学质量的提升。

在教学设计评价中，教师应关注教学目标的设定、教学内容的选择、教学方法的运用等方面。通过评价，可以发现教学设计中存在的问题和不足，如教学目标不明确、教学内容不符合学生需求、教学方法单一等。针对这些问题，教师可以进行针对性的改进和优化。

在实施评价中，教师应关注教学过程的实施情况、学生的反应和教学效果等方面。通过评价，教师可以发现实施过程中存在的问题和不足，如师生互动不够、课堂氛围沉闷、教学效果不佳等。针对这些问题，教师可以进行及时的调整和改进。

为了保证评价的客观性和公正性，教师需要遵循一定的评价标准和原则。首先，评价应基于事实和数据，避免主观臆断和情绪化评价。其次，评价应注重全面性和系统性，从多个角度和维度进行评价。最后，评价应注重实效性和可操作性，提出具体的改进建议和措施。

（四）反馈与建议的提出与接收

反馈与建议的提出与接收是教师互评的最后一个环节，也是促进教师专业成长的关键环节。通过接收其他教师的反馈和建议，教师可以更加全面地了解自己的教学水平和存在的问题，从而进行针对性的改进。

在提出反馈和建议时，教师应注重建设性和实效性。反馈和建议应基于事实和数据，具有针对性和可操作性。同时，教师还应注重与被评价教师的沟通，了解其观点和看法，共同寻求解决方案。

在对待反馈和建议时，教师应保持开放和尊重的态度。对于合理的反馈和建议，教师应虚心接受并认真反思自己的教学行为。对于不合理的反馈和建议，教师应进行客观分析和判断，避免盲目接受或拒绝。

为了保证反馈和建议的有效性，教师需要建立一种良好的互评氛围和机制。互评氛围应基于信任和尊重，鼓励教师之间的交流和合作。互评机制应明确评价标准和程序，确保评价的客观性和公正性。同时，学校或教育管理部门也应提供相应的支持和保障，如组织培训、提供资源等，以促进教师互评的深入开展和有效实施。

三、教师评价数据的整合与应用

（一）数据收集与整理

教师评价数据的收集与整理是整个评价过程中的基础环节，对于后续的评价结果分析和教师发展具有至关重要的作用。

在数据收集阶段，应确保数据来源的多样性和全面性。这包括来自学生、同事、教学督导以及教师自评的反馈数据，同时还应包括学生的学习成绩、课堂观察记录、教学日志等多种形式的数据。为了确保数据的准确性，还需要对数据进行初步的筛选和清洗，去除无效和重复的信息。

数据整理是数据收集后的关键步骤。首先，需要对数据进行分类和编码，以便后续的数据分析。例如，可以按照评价维度（如教学目标、教学方法、师生互动等）对数据进行分类，并为每个类别设定相应的编码。其次，需要将数据进行汇总和统计，计算出各个评价维度的得分或等级。在整理数据时，还需要注意保护教师的隐私和权益，确保数据的安全性和合规性。

数据收集与整理的过程中，教师应积极参与并配合相关工作。他们应了解数据收集的目的和意义，并提供真实、准确的评价信息。同时，教师还应学会使用相关的数据整理工具和方法，以提高数据整理的效率和质量。

（二）评价结果的综合分析

评价结果的综合分析是对教师评价数据进行深入解读和挖掘的过程，旨在揭示教师教学的优势和不足，为教师发展提供有针对性的建议。

在综合分析阶段，需要采用多种数据分析方法，如描述性统计、因子分析、聚类分析等，以揭示数据背后的规律和趋势。同时，还需要结合实际情况和教学理论，对分析结果进行解释和说明。例如，可以分析不同教师在教学目标设定、教学方法运用、师生互动等方面的优势和不足，并探讨其背后的原因和改进方向。

综合分析的结果应具有一定的客观性和科学性，避免主观臆断和情绪化评价。因此，在分析过程中需要保持严谨的态度和科学的方法，同时还需要充分听取教师的意见和建议，确保分析结果的公正性和有效性。

此外，综合分析的结果还应具有一定的可操作性和实用性。这意味着分析结果应能够为教师提供具体的改进建议和发展方向，帮助教师明确自己的发展目标和路径。

（三）教师发展计划与培训

教师发展计划与培训是评价结果应用的重要环节，旨在根据评价结果制订个性化的教师发展计划，并提供相应的培训支持，促进教师的专业成长。

在制订教师发展计划时，需要充分考虑教师的个人特点和发展需求，结合评价结果提出具体的改进目标和措施。这些目标和措施应具有可操作性和可衡量性，以便教师能够明确自己的发展方向和路径。同时，还需要为教师提供相应的培训资源和支持，如培训课程、教学资料、专家指导等，以帮助教师实现自己的发展目标。

在培训过程中，应注重实践性和互动性。培训内容应紧密结合教学实践，帮助教师解决实际问题。同时，还应鼓励教师之间的交流和合作，促进教学经验的共享和碰撞。培训形式可以多样化，包括线上课程、线下讲座、工作坊等，以满足不同教师的需求。

（四）教学团队建设与协作

教学团队建设与协作是评价结果应用的又一个重要方面，旨在通过加强教师之间的合作和交流，促进教学质量的整体提升。

在教学团队建设方面，可以建立各种形式的教师团队，如学科团队、教研团队、跨学科团队等。通过团队合作，教师可以共同研究教学问题、分享教学经验、开发教学资源等，促进教学质量的整体提升。同时，还可以建立相应的团队评价机制，以激励教师的团队精神和协作意识。

在协作过程中，应注重信任和尊重。教师之间应相互信任、相互尊重，共同为提升教学质量而努力。同时，还需要建立有效的沟通机制，以便教师之间能够及时交流信息、分享经验、解决问题。通过加强教学团队建设与协作，可以营造一种积极向上的教学氛围，促进教师的专业成长和教学质量的整体提升。

四、教师评价对教学质量提升的作用

（一）教师专业发展

教师评价在教师专业发展中扮演着至关重要的角色，它不仅是教师自我反思和成长的契机，也是推动教师不断提升教学能力和水平的重要动力。

首先，教师评价有助于教师明确自己的教学优势与不足。通过评价，教师可以更加清晰地认识到自己在知识结构、教学方法、课堂管理等方面的长处和短处，从而有针对性地进行改进和提升。这种自我认知的过程是教师专业发展的基础，有助于教师形成自我驱动的学习和发展机制。

其次，教师评价为教师提供了专业发展的方向和目标。评价结果中的反馈和建议，为教师指明了改进的方向和重点，帮助教师明确自己的发展目标和路径。这种目标导向的专业发展方式，使教师的发展更加具有针对性和实效性。

最后，教师评价还促进了教师之间的交流和合作。在评价过程中，教师可以通过观摩、讨论、分享等方式，与其他教师进行深入的交流和合作，共同研究教学问题、分享教学经验、开发教学资源。这种交流和合作有助于教师形成共同体意识，促进教学知识的共享和传承，推动整个教师群体的专业发展。

总之，教师评价在教师专业发展中具有不可替代的作用。它不仅能够激发教师的自我发展动力，还能够为教师提供明确的发展目标和方向，促进教师之间的交流和合作，推动整个教师群体的专业发展。

（二）教学策略优化

教师评价对于教学策略的优化具有显著作用，通过评价结果的反馈，教师可以不断优化教学方法和手段，提升教学效果。

教师评价有助于教师发现教学策略中的问题和不足。在评价过程中，教师会收到来自不同方面的反馈和建议，这些反馈和建议往往能够揭示出教学策略中的问题和不足。教师根据这些反馈和建议，可以对教学策略进行调整和优化，使其更加符合学生的学习需求和教学规律。

同时，教师评价还能够促进教师对教学策略的深入研究和探索。通过评价结果的反思和总结，教师可以更加深入地研究教学策略的理论基础和实践应用，探索更加有效的教学方法和手段。这种深入研究和探索的过程，有助于教师形成自己的教学风格和特色，提升教学质量和水平。

此外，教师评价还能够促进教学策略的创新和发展。在评价过程中，教师可以借鉴其他教师的优秀教学策略和教学方法，结合自己的教学实际进行创新和发展。这种创新和发展有助于推动教学策略的更新和升级，提升教学效果和学生的学习体验。

总之，教师评价对于教学策略的优化具有积极作用。它能够帮助教师发现教学策略中的问题和不足，促进教师对教学策略的深入研究和探索，推动教学策略的创新和发展，从而提升教学质量和水平。

（三）教学质量监控与评估

教师评价是教学质量监控与评估体系中的重要组成部分，对于保障和提升教学质量具有重要意义。

首先，教师评价能够实时监控教学质量。通过定期的教师评价活动，可以及时了解教师的教学表现和学生的学习情况，从而发现教学中存在的问题和不足。这种实时监控有助于及时采取措施进行改进和调整，保障教学质量的稳定和提升。

其次，教师评价能够提供客观的教学质量评估结果。评价结果基于多方面的数据和反馈，能够客观地反映教师的教学水平和教学质量。这种客观的教学质量评估结果有助于学校和教育管理部门了解教师教学状况，制定有针对性的教学改进措施和政策。

最后，教师评价还能够促进教学质量的持续改进。评价结果中的反馈和建议，为教师提供了改进的方向和重点。教师可以根据这些反馈和建议，对自己的教学进行反思和调整，不断提升教学质量和水平。同时，学校和教育管理部门也可以根据评价结果，对教学质量进行整体分析和评估，发现教学中存在的问题和难点，制定更加有效的改进措施和政策。

总之，教师评价在教学质量监控与评估中发挥着重要作用。它能够实时监控教学质量、提供客观的教学质量评估结果、促进教学质量的持续改进，从而保障和提升教学质量。

（四）教学文化的营造与传承

教师评价在营造与传承积极的教学文化中扮演着重要角色，它有助于塑造一种互相学习、共同进步的教学氛围。

首先，教师评价强调了教师之间的合作与交流。在评价过程中，教师需要通过观摩、讨论、分享等方式与其他教师进行深入交流和合作。这种交流和合作有助于打破教师之间的孤立和封闭状态，促进教学知识的共享和传承。同时，通过互相学习和借鉴他人的优秀教学经验和方法，教师可以不断提升自己的教学能力和水平。

其次，教师评价倡导了反思与自我提升的精神。在评价过程中，教师需要对自己的教学进行反思和总结，发现存在的问题和不足并制定改进措施。这种反思和自我提升的精神有助于教师形成持续学习和进步的习惯和态度，推动教师不断向更高的教学境界迈进。

最后，教师评价还强调了以学生为中心的教学理念。在评价过程中，教师需要关注学生的学习需求和发展特点，根据学生的实际情况调整教学策略和方法。这种以学生为中心的教学理念有助于形成更加关注学生学习和发展需求的教学文化，提升教学效果和学生的学习体验。

总之，教师评价在营造与传承积极的教学文化中发挥着重要作用。它强调教师之间的合作与交流、倡导反思与自我提升的精神、强调以学生为中心的教学理念，有助于塑造一种互相学习、共同进步的教学氛围和文化传统。

第五节　高等职业教育教学质量检测数据的处理与分析

一、数据处理的基本流程

（一）数据收集与整理

数据收集与整理是数据处理的首要步骤，它涉及数据来源的确定、数据采集方式的选择以及初步的数据组织。

在数据收集阶段，首要任务是明确数据的来源和类型。数据来源可能包括内部数据库、外部公开数据、市场调研、问卷调查等多种形式。针对不同类型的数据，需要采取不同的采集方法，如 API（Application Program Interface）接口调用、问卷调查收集等。数据收集的过程中，要确保数据的完整性、准确性和及时性，以支撑后续的数据分析和决策。

数据整理是数据收集后的必要环节。在这一阶段，需要对收集到的数据进行初步的分类、组织和格式化。分类通常根据数据的性质、来源、用途等进行，有助于后续的数据查询和分析。组织则是将数据按照一定的结构和规则进行排序和整合，方便数据的检索和管理。格式化则是将数据转换成统一的格式，以便进行后续的数据处理和分析。

此外，数据整理还需要注意数据的重复和冗余问题。在收集数据时，可能会出现重复或冗余的数据，这些数据会影响数据的质量和准确性。因此，在整理数据时，需要进行去重和去冗余操作，确保数据的唯一性和准确性。

（二）数据清洗与校验

数据清洗与校验是数据处理流程中的关键环节，它涉及对数据的错误、异常和缺失值的处理。

数据清洗主要是对数据进行错误和异常值的处理。在数据收集过程中，由于各种原因可能会出现错误或异常的数据，如输入错误、格式错误、逻辑错误等。这些数据如果不进行清洗，会影响后续数据分析的准确性。因此，需要通过检查数据的完整性、准确性、一致性和逻辑性等指标，对错误和异常的数据进行修正或删除。

数据校验则是对数据的完整性和准确性进行验证。在数据清洗后，需要对数据进行校验，以确保数据的准确性和可靠性。校验可以通过对比不同来源的数据、检查数据的逻辑关系和范围等方式进行。如果数据存在缺失或错误，需要进行补充或修正，以确保数据的完整性和准确性。

此外，数据清洗与校验还需要注意数据的隐私和安全问题。在处理数据时，需要遵守相关的隐私和安全规定，确保数据不被泄露或滥用。

（三）数据转换与标准化

数据转换与标准化是数据处理流程中的重要步骤，它涉及数据的格式转换、单位统一和标准化处理。

数据转换主要是对数据的格式进行转换。由于不同来源的数据可能具有不同的格式和结构，为了进行统一的分析和处理，需要将数据转换成统一的格式。这包括数据的编码转换、数据类型转换、数据格式转换等。

单位统一则是将数据中的不同单位进行统一。在数据收集中，可能会出现不同单位的数据，如长度单位可能是米或厘米、重量单位可能是千克或克等。为了便于进行统一分析和比较，需要将数据中的单位进行统一。

标准化处理则是将数据按照一定的规则进行标准化处理。标准化处理可以消除数据之间的量纲差异和数量级差异，使得不同来源的数据可以进行直接的比较和分析。常见的标准化方法包括 Z-score 标准化、最大—最小标准化等。

（四）数据存储与管理

数据存储与管理是数据处理的最后一步，它涉及数据的存储、备份和安全管理。

数据存储是将处理后的数据存储在适当的存储介质中，以便后续的数据查询和分析。在选择存储介质时，需要考虑数据的规模、访问频率、安全性等因素。常见的存储介质包括硬盘、数据库、云存储等。

数据备份是为了防止数据丢失或损坏而进行的操作。在数据存储过程中，可能会出现各种意外情况导致数据丢失或损坏，如硬件故障、自然灾害等。因此，需要定期对数据进行备份，以确保数据的安全性和可靠性。

安全管理则是确保数据不被非法访问、篡改或泄露的重要措施。在数据存储和管理过程中，需要采取一系列的安全措施，如设置访问权限、加密传输、备份恢复等，以确保数据的安全性和保密性。同时，还需要建立完善的安全管理制度和应急预案，以应对可能的安全风险和威胁。

二、数据分析的方法与工具

（一）描述性统计分析

描述性统计分析是数据分析的基础方法，它通过一系列统计指标和图表来描述数据的特征、规律和分布情况。这种方法不依赖特定的理论模型或假设，而是直接对数据本身进行描述和总结。

在描述性统计分析中，常用的统计指标包括均值、中位数、众数、标准差、四分位数等。这些指标可以帮助我们了解数据的中心趋势、离散程度以及分布情况。例如，均值可以反映数据的平均水平，标准差则可以揭示数据的波动情况。

除了统计指标外，描述性统计分析还常常使用图表来直观地展示数据。常见的图表包括柱状图、折线图、饼图、散点图等。这些图表可以将数据以图形化的方式呈现出来，帮助人们更加直观地理解数据的特征和规律。

描述性统计分析的优点在于其直观性和易于理解性。它不需要复杂的数学模型和假设，就可以对数据进行有效的描述和总结。然而，它也存在一定的局限性，因为它只能对数据本身进行描述，而无法对数据的内在规律和关联性进行深入的分析。

（二）推论性统计分析

推论性统计分析是在描述性统计分析的基础上，进一步对数据进行深入的分析和推断的方法。它依赖于特定的理论模型或假设，通过样本数据来推断总体数据的特征和规律。

在推论性统计分析中，常用的方法包括参数估计、假设检验、方差分析、回归分析等。这些方法可以帮助我们推断总体数据的均值、比例、方差等参数，检验两个或多个样本之间的差异是否显著，分析变量之间的相关性和因果关系等。

推论性统计分析的优点在于其深入性和准确性。它可以通过样本数据来推断总体数据的特征和规律，揭示数据之间的内在规律和关联性。然而，推论性统计分析也存在一定的局限性，它依赖特定的理论模型或假设，如果模型或假设不正确，那么推断的结果也可能会存在偏差。

（三）数据可视化工具

数据可视化工具是将数据以图形化的方式呈现出来的工具，它可以帮助人们更加直观地理解数据的特征和规律。数据可视化工具在数据分析中发挥着越来越重要的作用，它可以将复杂的数据信息转化为易于理解的图形或图像。

常见的数据可视化工具包括 Excel、Tableau、Power BI、ECharts 等。这些工具具有丰富的图表类型和交互功能，便于制作各种类型的图表和报告。通过数据可视化工具，教师可以将数据以柱状图、折线图、饼图、散点图等形式展示出来，更加直观地了解数据的分布情况和特征。

数据可视化工具的优点在于其直观性和易于理解性。它可以将复杂的数据信息以图形化的方式呈现出来，帮助人们更加快速地理解数据的特征和规律。同时，数据可视化工具还具有良好的交互性和灵活性，可以根据用户的需求进行定制和调整。

（四）数据分析软件

数据分析软件是专门用于数据分析的工具，它提供了丰富的数据分析方法和模型，可以帮助用户更加深入地挖掘数据的价值和规律。常见的数据分析软件包括 SPSS、SAS（Statistical Analysis System）、R 语言、Python 等。

这些软件提供了参数估计、假设检验、方差分析、回归分析等多种数据分析方法，可以满足用户不同的数据分析需求。同时，这些软件还提供了数据清洗、数据转换、数据可视化等辅助功能，帮助用户更加高效地进行数据分析和处理。

数据分析软件的优点在于其强大的功能和灵活性。它可以根据用户的需求提供多种数据分析方法和模型，帮助用户更加深入地挖掘数据的价值和规律。同时，数据分析软件还具有良好的可扩展性和可定制性，可以根据用户的需要进行调整和定制。然而，数据分析软件也存在一定的学习成本和操作难度，需要用户具备一定的统计学和编程知识才能有效地使用。

三、数据分析结果的解读与应用

（一）结果解读与理解

数据分析结果的解读与理解是数据分析流程中至关重要的一环。在得到数据分析结果后，教师需要对其进行深入的解读和理解，以便准确把握数据的内涵和所揭示的信息。

解读结果时，教师首先需要关注统计指标和图表所呈现出的数据特征，如均值、中位数、众数、标准差等统计量，以及柱状图、折线图、饼图等图表所展示的数据分布和趋势。通过对这些数据和图表进行解读，教师可以对数据的基本情况有一个清晰的认识。

然而，仅仅关注数据表面的特征是远远不够的。教师还需要深入理解数据背后的含义和规律，这需要教师结合具体的问题背景和领域知识，对数据进行深入的分析和探讨。只有这样，教师才能真正理解数据所传达的信息，为后续的问题识别和制定改进策略提供有力的支持。

在解读结果的过程中，教师还需要注意数据的局限性和不确定性。由于数据来源、采集方式、处理方法等因素的影响，数据分析结果可能存在一定的误差和偏差。因此，在解读结果时，教师需要保持谨慎和客观的态度，对结果进行合理的评估和解释。

（二）问题识别与诊断

在理解数据分析结果的基础上，教师需要进一步识别和分析数据中存在的问题。问题识别与诊断是数据分析的一个重要目的，它可以帮助教师发现潜在的问题和挑战，为后续的教学改进和决策提供支持。

在问题识别过程中，教师需要结合数据分析结果和领域知识，对数据进行深入的分析和挖掘。教师可以关注数据的异常值、趋势变化、关联性等方面，以发现潜在的问题和挑战。例如，教师可以通过分析学生的学习成绩数据，发现学生在某个知识点上的掌握程度较低，或者存在偏科现象等问题。

在问题诊断过程中，教师需要对识别出的问题进行深入的分析和探讨。教师可以从多个角度和层面入手，分析问题的原因、影响以及可能的解决方案。通过问题诊断，教师可以对问题的性质和程度有一个更加清晰的认识，为后续的教学改进和决策提供更加有针对性的建议。

（三）教学改进策略的制定

在问题识别与诊断的基础上，教师可以根据数据分析结果和领域知识，制定相应的教学改进策略。教学改进策略的制定是数据分析结果应用的一个重要方面，它可以帮助教师优化教学过程、提高教学效果。

在制定教学改进策略时，教师需要结合具体的问题和挑战，提出有针对性的解决方案。例如，针对学生在某个知识点上掌握程度较低的问题，教师可以制订针对性的教学计划和辅导措施，帮助学生更好地理解和掌握该知识点。同时，教师还可以根据学生的学习特点和需求，调整教学方法和手段，提高学生的学习兴趣和积极性。

在制定教学改进策略时，教师还需要考虑可行性和实效性。教师需要确保策略能够顺利实施并取得良好的效果。为此，教师需要对策略进行充分的评估和测试，以确保其可行性和有效性。

四、数据驱动的持续改进机制

（一）数据收集与反馈循环

数据驱动的持续改进机制的核心在于数据的有效收集与反馈循环的建立。一个完善的数据收集系统能够确保获取全面、准确、及时的教学数据，为后续的分析和决策提供基础。

在数据收集过程中，需要明确收集的目标和范围，确保数据的完整性和准确性。同时，为了获取实时的反馈，需要建立高效的数据采集和传输系统，使数据能够迅速、准确地传递到分析部门。

在反馈循环方面，需要将数据分析结果与实际情况进行对照，识别存在的问题和不足，并确保分析结果能够及时反馈给相关的决策者和执行者。通过不断的反馈和调整，可以形成一个闭环的数据驱动改进流程，不断优化教学流程和提高教学效果。

此外，为了保障数据收集与反馈循环的有效性，还需要关注数据的质量和可信度。需要对收集到的数据进行清洗、校验和整合，确保数据的准确性和可靠性。同时，还需要建立数据质量控制机制，对数据进行持续的监控和评估，确保数据的质量和可信度。

（二）教学过程监控与调整

数据驱动的持续改进机制需要我们对教学过程进行持续的监控和调整。通过收集和分析教学过程中的数据，可以了解学生的学习情况和教师的教学表现，进而对教学过程进行优化和调整。

在监控方面，教师需要关注学生的学习进度、学习效果、学习行为等方面的数据。这些数据可以帮助教师了解学生的学习情况和问题所在，进而为教师教学改进提供有针对性的建议。同时，教师还需要关注教师的教学行为、教学效果等方面的数据，以评估教师的教学质量和能力。

在调整方面，我们需要根据数据分析结果和实际情况，对教师教学过程进行优化和调整。这包括教学计划的调整、教学方法的改进、教学内容的更新等方面。通过不断的调整和优化，教师可以使教学过程更加符合学生的需求和特点，提高教学效果和学生的学习体验。

（三）教学质量持续提升的保障

数据驱动的持续改进机制是教学质量持续提升的重要保障。通过持续的数据收集和分析，我们可以了解教学质量的情况和存在的问题，进而制定有效的改进策略。

为了保障教学质量的持续提升，教师需要建立一套完善的教学质量评估体系。这个体系应该包括多个方面的指标和维度，以全面评估教学质量的情况。同时，教师还需要制定相应的教学质量保障措施，如教师培训、教学资源建设、教学管理等方面的措施，以确保教学质量的稳定性和可持续性。

此外，教师还需要建立教学质量监控和反馈机制。通过定期的教学质量检查和评估，教师可以了解教学质量的情况和存在的问题，并及时进行反馈和调整。这有助于教师及时发现和解决问题，确保教学质量的持续提升。

（四）教学创新与实践的推动

数据驱动的持续改进机制不仅有助于教学质量的提升，还能够推动教学创新与实践的发展。通过对教学数据的深入分析和挖掘，可以发现新的教学规律和趋势，为教学创新提供有力的支持。

为了推动教学创新与实践的发展，需要鼓励教师积极参与数据分析和教学改进工作。通过为教师提供相关的培训和支持，可以提高他们的数据分析能力和教学改进意识。同时，还需要建立一个开放、包容的创新环境，鼓励教师尝试新的教学方法和手段，探索新的教学领域和模式。

此外，还需要加强教学创新与实践的交流与合作。通过组织教学研讨会、教学观摩等活动，可以促进教师之间的交流和合作，分享教学创新与实践的经验和成果。这有助于共同推动教学创新与实践的发展，提高教师教学效果和学生的学习体验。

第五章 高等职业教育教学质量检测的实践

第一节 高等职业教育教学质量检测的实践意义与价值

一、教学质量检测的目的与意义

在高等职业教育中，教学质量检测是一项至关重要的工作，它对于保障教学质量稳步提升、优化教学资源配置、满足社会对人才的需求以及促进学生全面发展等都具有深远的意义。以下从四个方面详细分析教学质量检测的目的与意义：

（一）保障教学质量稳步提升

教学质量检测的首要目的在于保障教学质量的稳步提升。通过对教学过程和结果的系统监测与评估，可以及时发现教学中存在的问题和不足，进而采取相应的改进措施。这种持续的监测与改进机制有助于确保教学质量不断适应时代发展的需要，满足社会对高素质技能型人才的需求。同时，教学质量检测还能够激励教师不断提升自身的教学水平和专业素养，促进教师队伍的整体发展。

在高等职业教育中，教学质量检测具有特殊的重要性。由于高等职业教育直接面向就业市场，其教学质量直接关系到学生的就业竞争力和职业发展。因此，通过教学质量检测，可以确保高等职业教育的教学质量和水平不断提升，为社会输送更多高素质的技能型人才。

（二）优化教学资源配置

教学质量检测还有助于优化教学资源的配置。通过对教学过程的监测与评估，可以了解不同学科、不同课程以及不同教学环节的教学效果和资源利用情况。在此基础上，学校可以根据实际需求调整教学资源投入的方向和重点，实现资源的优化配置。例如，对于教学效果较好的课程可以加大投入力度，提升教学质量；对于教学效果较差的课程则可以适当减少投入，或者进行课程重组或改革。这种基于教学质量检测的资源配置方式有助于提高教学资源的使用效率，提升整体教学质量。

（三）满足社会对人才的需求

教学质量检测还能够满足社会对人才的需求。随着科技的不断进步和产业的快速发展，社会对人才的需求也在不断变化。通过教学质量检测，可以了解当前社会对人才的需求状况以及未来的人才需求趋势。在此基础上，学校可以调整专业设置和课程安排，加强实践教学和职业技能培训，以满足社会对人才的需求。同时，教学质量检测还能够帮助学生了解自身的职业发展方向和就业竞争力，为他们未来的职业发展提供有力支持。

（四）促进学生全面发展

教学质量检测的最终目的在于促进学生的全面发展。通过对学生学习成果和综合素质的评估，可以了解学生在知识、技能、态度等方面的表现情况。在此基础上，教师可以针对学生的个体差异和发展需求制订个性化的教学计划和辅导方案，帮助学生充分发挥自身潜力，实现全面发展。同时，教学质量检测还能够促进学生的自主学习和自我提升能力的发展，培养他们的创新意识和实践能力，为他们未来的职业发展和社会适应能力奠定坚实基础。

综上所述，教学质量检测在高等职业教育中具有不可替代的重要作用。它不仅能够保障教学质量的稳步提升和优化教学资源的配置，还能够满足社会对人才的需求并促进学生的全面发展。因此，高校应该高度重视教学质量检测工作，不断完善监测与评估机制，提升教学质量检测的准确性和有效性。

二、教学质量检测对教学质量提升的作用

在高等职业教育中，教学质量检测作为教学质量保障的重要环节，对教师教学质量提升具有显著的作用。以下从四个方面详细分析教学质量检测对教学质量提升的作用：

（一）揭示教学问题，提出改进方向

教学质量检测通过系统、全面的评价过程，能够揭示出教学中存在的问题和不足之处。这些问题可能包括教学方法陈旧、课程内容滞后、实践教学薄弱等方面。通过对这些问题的深入分析和研究，可以就此提出明确的改进方向，指导教师在教学实践中进行有针对性的调整和优化。这种基于检测结果的反馈机制，有助于教师及时发现并纠正教学中的问题，从而提升教学质量。

此外，教学质量检测还能够揭示出学生学习中的困难和需求。通过对学生学习成果和综合素质的评估，发现学生学习中的薄弱环节和困难点。这些信息对于教师制订个性化的教学计划和辅导方案具有重要的参考价值，有助于教师更好地满足学生的学习需求，促进他们的全面发展。

（二）推动教学改革，创新教学模式

教学质量检测是推动教学改革的重要动力之一。通过对教学质量进行持续的监测与评估，可以发现教学中存在的瓶颈和制约因素，为教学改革提供有力的依据。在检测结果的指导下，学校可以调整专业设置、优化课程结构、改革教学方法和手段，以适应社会对人才的需求变化。这种基于教学质量检测的教学改革，有助于打破传统的教学模式，推动教学创新和发展。

同时，教学质量检测还能够推动教学模式的创新。通过引入新的教学理念和方法，如项目式教学、翻转课堂、混合式教学等，可以激发学生的学习兴趣和积极性，提高他们的学习效果和综合素质。这种创新的教学模式能够更好地满足学生的学习需求和发展要求，提升教师教学质量和水平。

（三）加强教学管理，规范教学过程

教学质量检测有助于加强教学管理和规范教学过程。通过对教学过程的监测与评估，可以了解教师的教学行为、学生的学习状态以及教学资源的使用情况等方面的情况。这些信息对于学校制定教学管理政策和规范教学过程具有重要的参考价值。学校可以根据检测结果调整教学计划、加强教学督导、完善教学资源配置等，以确保教学过程的规范性和有效性。

同时，教学质量检测还能够促进教学管理的科学化和精细化。通过对教学数据的收集、挖掘和分析，可以发现教学过程中的规律和趋势，为教学管理提供科学依据。这种科学化的管理方式有助于提高教学管理的效率和效果，促进教学质量的提升。

（四）提升教师素质，加强师资队伍建设

教学质量检测对于提升教师素质和加强师资队伍建设也具有重要作用。通过对教师教学效果的监测与评估，可以发现教师在教学中的优点和不足之处。这有助于教师反思自己的教学实践，明确自身的发展方向和提升路径。同时，学校可以根据检测结果为教师提供个性化的培训和发展机会，帮助他们提升教学水平和专业素养。

此外，教学质量检测还能够促进教师之间的交流和合作。通过对教学成果的展示和分享，可以激发教师之间的学习热情和合作意愿，促进他们之间的互相学习和共同进步。这种交流和合作有助于提升教师队伍的整体素质和能力水平，为教学质量的提升提供有力保障。

三、教学质量检测在教育管理中的应用价值

在高等职业教育的教育管理过程中，教学质量检测扮演着至关重要的角色。它不仅为教学管理提供了科学、客观的依据，还促进了教育管理的规范化、精细化和个性化。以下从四个方面详细分析教学质量检测在教育管理中的应用价值：

（一）为教育管理提供科学依据

教学质量检测通过系统的数据收集和分析，为教育管理提供了科学依据。在传统的教学管理中，往往依赖经验和直觉进行决策，这种方式容易受到主观因素的影响，导致决策的不准确和不合理。而教学质量检测通过科学的方法和手段，对教学过程和结果进行全面、客观的评估，为教学管理提供了可靠的数据支持。这使得教育管理能够基于事实和数据做出更加准确的决策，提高教育管理的科学性和有效性。

（二）促进教育管理的规范化

教学质量检测有助于促进教育管理的规范化。通过制定统一的教学质量评价标准和方法，可以确保教学质量检测的公正性和客观性。同时，教学质量检测还可以对教学过程进行全程监控，确保教学活动的规范性和有效性。这种规范化的管理方式有助于减少教学过程中的随意性和主观性，提高教学的质量和效率。

（三）推动教育管理的精细化

教学质量检测能够推动教育管理的精细化。通过对教学质量数据的深入分析和挖掘，可以发现教学中的薄弱环节和潜在问题，为教学管理提供精细化的指导。例如，通过对学生学习成果的分析，可以了解学生在不同学科、不同课程以及不同教学环节中的表现情况，为教学管理提供有针对性的改进措施。这种精细化的管理方式有助于更加精准地满足学生的学习需求和发展要求，提高教学的针对性和有效性。

（四）实现教育管理的个性化

教学质量检测有助于实现教育管理的个性化。通过对学生个体差异的深入了解和分析，可以发现不同学生的学习需求和特点。在此基础上，教学管理可以为学生提供个性化的教学计划和辅导方案，满足他们的个性化发展需求。这种个性化的管理方式有助于激发学生的学习兴趣和积极性，提高他们的学习效果和综合素质。同时，个性化的教学管理还能够促进学生的全面发展，培养他们的创新精神和实践能力，为他们未来的职业发展和社会适应能力奠定坚实基础。

教学质量检测在高等职业教育的教育管理中具有显著的应用价值。它不仅能够为教学管理提供科学依据和规范化指导，还能够推动教育管理的精细化和个性化发展。因此，高校应该高度重视教学质量检测工作，加强其在教育管理中的应用和推广，以推动高等职业教育的持续发展和提升。

四、教学质量检测在持续改进中的重要性

在高等职业教育的持续发展过程中，教学质量检测作为一种关键的评价和反馈机制，对于促进教育的持续改进具有不可或缺的重要性。以下从四个方面详细分析教学质量检测在持续改进中的重要性：

（一）提供客观、全面的评价依据

教学质量检测通过科学的方法和手段，对高等职业教育的教学过程、教学资源、学生学习成果等多个方面进行全面、客观的评价。这种评价不仅关注教师的教学方法和技巧，还关注学生的学习体验和效果，以及教学资源的

配置和利用效率。通过教学质量检测，可以准确地发现教学中存在的问题和不足，为改进教学提供可靠的依据。

在持续改进的过程中，教学质量检测的重要性在于它能够提供客观、全面的评价依据。这种依据不仅有助于教师和教学管理人员认识到教学中存在的问题，还能够为改进教学提供具体的方向和措施。通过对教学质量检测的深入分析和研究，可以找出影响教学质量的关键因素，从而有针对性地制定改进措施，提高教学的质量和效率。

（二）促进教学问题的及时发现与解决

教学质量检测具有实时性和动态性的特点，能够在教学过程中及时发现问题并进行解决。通过定期或不定期的教学质量检测，可以及时发现教学中的问题，如教学方法不当、教学内容滞后、教学资源不足等。这些问题如果不及时发现和解决，将会对教学质量产生严重影响。

教学质量检测在持续改进中的重要性在于它能够促进教学问题的及时发现与解决。通过教学质量检测，及时发现教学中的问题，为教学管理人员和教师提供预警和反馈。同时，教学质量检测还能够提供具体的改进措施和建议，帮助教师和教学管理人员快速有效地解决问题，提高教学的质量和效率。

（三）推动教学改革的深化与发展

教学质量检测不仅是对教学现状的评价，更是对教学改革成果的检验。通过教学质量检测，可以了解教学改革的实施情况、效果以及存在的问题。这种反馈机制有助于推动教学改革的深化与发展，促进教学质量的持续提升。

在持续改进的过程中，教学质量检测的重要性在于它能够推动教学改革的深化与发展。教学质量检测可以了解教学改革的具体实施情况，发现改革中存在的问题和不足，并有针对性地提出改进措施和建议。这种基于教学质量检测的反馈机制有助于推动教学改革的不断深化和完善，使教学改革更加符合实际需求和发展趋势。

（四）构建持续改进的文化氛围

教学质量检测不仅是一种评价手段，更是一种持续改进的文化氛围。通过教学质量检测，可以激发教师和教学管理人员对教学的热情和责任感，促进他们积极参与教学改进。同时，教学质量检测还能够促进学校内部各部门之间的合作与交流，形成共同推动教学改进的良好氛围。

第二节　高等职业教育教学质量检测的实践方法与步骤

一、教学质量检测的方法与工具

在高等职业教育中，教学质量检测是确保教学质量持续提升的重要环节。为了有效地进行教学质量检测，需要采用科学、系统的方法和工具。以下从四个方面详细分析教学质量检测的方法与工具：

（一）传统课堂教学评价方法

传统课堂教学评价方法是教学质量检测的基础，主要包括观察法、问卷调查法和访谈法等。观察法是指教师或评价者直接观察课堂教学过程，记录和分析教师的教学行为、学生的学习状态以及课堂氛围等。这种方法能够直观地了解教学过程中的实际情况，但受到评价者主观因素的影响较大。问卷调查法是通过向学生发放问卷，了解他们对教学的满意度、学习效果等方面的评价。这种方法能够收集大量数据，但可能存在数据真实性和代表性的问题。访谈法则是通过与教师、学生或教学管理人员的面对面交流，深入了解他们的意见和建议。这种方法能够获取更加深入和细致的信息，但需要耗费较多的时间和精力。

（二）学生学业成就评估方法

学生学业成就评估是教学质量检测的重要组成部分，主要包括考试、作业、实验报告和课程设计等。考试是评估学生知识掌握程度和应用能力的重要手段，可以通过闭卷、开卷、笔试、口试等多种形式进行。作业和实验报告则能够反映学生的学习态度、实践能力和创新思维。课程设计则要求学生综合运用所学知识解决实际问题，评估他们的综合能力和实践能力。这些方法能够客观地评价学生的学习成果，为教学质量检测提供有力支持。

（三）教学评估系统与技术工具

随着信息技术的不断发展，教学评估系统与技术工具在教学质量检测中发挥着越来越重要的作用。这些系统和工具可以自动化地收集、整理和分析教学数据，为教师和教学管理人员提供及时、准确的反馈。例如，学习管理系统可以跟踪学生的学习进度和成绩，为教师提供学生的学习数据分析报告；又如，课堂互动系统可以实时记录和分析课堂互动情况，为教师提供教学改进的建议。此外，还有一些专门的教学评估软件和工具，如在线调查工具、数据分析软件等，可以帮助教师和教学管理人员更加便捷地进行教学质量检测。

（四）多元化评价策略与工具

为了更全面地评估教学质量，需要采用多元化评价策略与工具。这包括对不同学科、不同课程以及不同教学环节的评价；对教师的教学行为、学生的学习成果以及教学资源的利用效率等多方面的评价。在评价工具方面，可以结合传统评价方法和现代技术工具，如利用大数据分析技术对学生学习数据进行深入挖掘和分析；又如利用社交媒体等新媒体平台收集学生和教师的意见和建议。同时，还可以借鉴国际先进的教学质量评价标准和工具，如国际学生评估项目等，以更加全面、客观地评估教学质量。

教学质量检测需要采用科学、系统的方法和工具，包括传统课堂教学评价方法、学生学业成就评估方法、教学评估系统与技术工具以及多元化评价策略与工具。这些方法和工具的结合使用可以更加全面、客观地评估教学质量，为教学改进提供有力支持。

二、教学质量检测的实施计划

在高等职业教育中，制订并实施一套全面而系统的教学质量检测计划对于提升教学质量至关重要。以下从四个方面详细分析教学质量检测的实施计划：

（一）明确检测目标与标准

教学质量检测的首要任务是明确检测的目标和标准。目标应具体、可衡量，并紧密围绕提高教学质量这一核心。标准则应基于教育政策、学科特点和学校实际，确保评价的公正性和客观性。在制定检测目标和标准时，需要广泛征求教师、学生和教学管理人员的意见，确保目标的可行性和标准的合理性。

明确检测目标和标准的重要性在于，它为教学质量检测提供了明确的方向和依据。通过明确目标，可以确保教学质量检测始终围绕提高教学质量这一核心展开；通过明确标准，可以确保评价结果的公正性和客观性，为教学改进提供有力支持。

（二）设计检测方法与工具

在明确检测目标和标准的基础上，需要设计合适的检测方法与工具。这包括选择合适的评价工具、设计评价量表、制定评价流程等。评价工具应具有科学性和实用性，能够全面、客观地反映教学质量；评价量表应具体、明确，便于教师和学生理解和操作；评价流程应规范、简洁，确保评价工作的顺利进行。

设计检测方法与工具时，需要充分考虑学科特点和学校实际，确保评价工具和方法的有效性和适用性。同时，还需要关注评价工具的可操作性和可推广性，以便在全校范围内推广使用。

（三）组织实施与监控

在设计好检测方法与工具后，需要组织实施并监控整个评价过程。这包括组织评价团队、安排评价时间、收集评价数据、分析评价结果等。评价团队应由具有丰富经验和专业知识的教师和管理人员组成，确保评价工作的专业性和公正性。评价时间应合理安排，避免影响正常的教学活动。在收集评价数据时，需要确保数据的真实性和完整性，以便进行准确的分析和判断。

组织实施与监控是教学质量检测的关键环节。通过组织实施，可以确保评价工作的顺利进行；通过监控整个评价过程，可以及时发现和解决评价中存在的问题和不足，确保评价结果的准确性和可靠性。

（四）反馈与改进

教学质量检测的最终目的是提高教学质量。因此，在评价结束后，需要及时将评价结果反馈给教师、学生和教学管理人员，并根据评价结果制定改进措施。反馈意见应具体、明确，指出存在的问题和不足，并提出具体的改进建议。改进措施应具有针对性和可操作性，能够真正促进教学质量的提升。

反馈与改进是教学质量检测的最终环节。通过及时反馈评价结果，可以激发教师和教学管理人员对教学的热情和责任感；通过制定改进措施，可以针对存在的问题和不足进行有针对性的改进，推动教学质量的持续提升。同时，反馈与改进还能够促进教师之间的交流与合作，形成共同推动教学改进的良好氛围。

三、教学质量检测的具体步骤

在高等职业教育中，教学质量检测是确保教学质量稳步提升的重要环节。下文从四个方面详细分析教学质量检测的具体步骤，每个方面包含相应的分析深度和细节。

（一）准备阶段

教学质量检测的准备阶段是确保整个检测过程顺利进行的基础。此阶段需要明确检测目标、确定检测标准和范围、制订检测计划和时间表，并组建专业的检测团队。检测目标应具体明确，如提高学生的学习成果、优化教师的教学方式等。检测标准和范围应基于教育政策、学科特点和学校实际，确保评价的全面性和准确性。检测计划和时间表应合理安排，避免与教学活动冲突，并确保检测工作的时效性。检测团队应由具有丰富经验和专业知识的教师、教学管理人员和专家组成，以确保检测的专业性和公正性。

在准备阶段，还需要对检测工具和方法进行选择和准备。这包括确定评价量表、设计问卷或测试题目、准备课堂观察记录表等。评价量表应具体明确，能够客观反映教学质量的关键要素。问卷或测试题目应贴近实际，能够真实反映学生的学习情况。课堂观察记录表应详细记录课堂互动、学生参与度等关键信息，为后续分析提供数据支持。

（二）实施阶段

教学质量检测的实施阶段是收集数据、观察课堂和收集反馈的过程。在这一阶段，检测团队需要按照检测计划和时间表，通过对教学活动的实地观察、问卷调查、测试等方式进行数据收集。实地观察可以了解教师的教学行为和学生的学习状态；问卷调查可以获取学生和教师对教学活动的评价和反馈；测试可以检验学生的学习成果和教师的教学效果。

在实施阶段，检测团队还需要注意保持公正、客观的态度，确保数据的真实性和有效性。同时，还需要尊重教师和学生的隐私权和参与权，确保检测过程的合法性和合规性。

（三）分析阶段

教学质量检测的分析阶段是对收集到的数据进行分析和解读的过程。在这一阶段，检测团队需要对收集到的数据进行整理、分类和统计分析，以了解教学质量的关键问题和优势领域。数据分析可以采用定量分析和定性分析相结合的方法，通过数据可视化、图表等方式展示分析结果。

在分析阶段，检测团队还需要注意数据的准确性和可靠性，避免主观臆断和误导性结论。同时，需要深入分析数据的背后原因和影响因素，为制定改进措施提供有力支持。

（四）反馈与改进阶段

教学质量检测的反馈与改进阶段是将分析结果反馈给相关人员并制定改进措施的过程。在这一阶段，检测团队需要将分析结果以报告或会议的形式反馈给教师、学生和教学管理人员，并指出存在的问题和不足。同时，还需要提出具体的改进建议和措施，以促进教学质量的提升。

在反馈与改进阶段，检测团队还需要注意与相关人员的沟通和交流，确保反馈信息的准确性和有效性。同时，需要关注改进措施的实施情况和效果评估，以确保改进措施的有效性和可持续性。

四、教学质量检测的结果与反馈

在高等职业教育中，教学质量检测的结果与反馈是确保教学质量持续提升的关键环节。下文从四个方面详细分析教学质量检测的结果与反馈，旨在明确反馈的目的、内容、方式和效果。

（一）反馈的目的与意义

教学质量检测结果的反馈旨在向教师、学生和教学管理人员提供关于教学质量的客观信息，帮助他们了解教学现状，发现问题并寻求改进。反馈的目的在于促进教学反思，激发教师改进教学的动力，同时让学生和教学管理人员对教学质量有更清晰的认识。通过反馈，可以实现以下意义：

（1）提高教学质量。通过反馈，教师可以了解自己在教学中存在的问题和不足，从而调整教学策略和方法，提高教学质量。

（2）促进教学改进。反馈可以揭示教学中的共性和个性问题，为学校制订具有针对性的教学改进计划提供依据。

（3）增强教学透明度。反馈可以让学生和教学管理人员了解教学质量的实际情况，增强教学透明度，提高教育的公信力。

（二）反馈的内容与形式

教学质量检测结果的反馈内容应全面、具体、准确，它包括以下几方面：

（1）教学质量总体评价。对教学质量进行总体评价，包括教学效果、教学资源利用、课堂氛围等方面。

（2）具体问题分析。针对检测中发现的具体问题进行分析，如教学方法不当、教材内容陈旧、学生参与度不高等。

（3）改进建议与措施。针对存在的问题提出具体的改进建议和措施，如改进教学方法、更新教材内容、加强师生互动等。

反馈的形式可以多样化，包括书面报告、口头汇报、会议讨论等。书面报告可以详细记录检测结果和分析过程，便于存档和查阅；口头汇报可以直观地展示检测结果，便于与会人员交流和讨论；会议讨论可以集思广益，共同商讨改进方案。

（三）反馈的方式与途径

教学质量检测结果的反馈方式和途径应灵活多样，以满足不同受众的需求。以下是一些常见的反馈方式和途径：

1. 面向教师的反馈

通过个人或集体会议的形式，向教师反馈检测结果和改进建议。同时，还可以利用学校内部的教学管理系统或电子邮件等方式，将反馈结果发送给教师，便于他们随时查阅。

2. 面向学生的反馈

通过学生评教、问卷调查等方式，向学生收集对教学质量的反馈意见。同时，还可以将反馈结果通过学生代表大会、班级会议等途径向学生传达，让学生了解教学质量的现状和改进方向。

3.面向教学管理人员的反馈

通过定期的教学质量报告、教学评估会议等方式，向教学管理人员反馈检测结果和改进建议。同时，还可以利用学校内部的教学管理系统或办公系统等方式，将反馈结果发送给相关管理人员，便于他们了解教学质量的情况并做出相应决策。

（四）反馈的效果与评估

教学质量检测结果的反馈效果是评价反馈工作的重要指标。以下是一些评估反馈效果的方法：

（1）观察教学改进情况。通过观察教师的教学行为、学生的学习状态等方面的变化，评估反馈对教学质量改进的实际效果。

（2）收集反馈意见。通过问卷调查、访谈等方式，收集教师、学生和教学管理人员对反馈工作的意见和建议，了解他们对反馈工作的满意度和认可度。

（3）分析检测结果变化。通过对比不同时间段的检测结果，分析教学质量的变化趋势和原因，评估反馈工作对教学质量提升的贡献度。

在评估反馈效果时，需要综合考虑多个方面的因素，确保评估结果的客观性和准确性。同时，需要根据评估结果对反馈工作进行持续优化和改进，以提高反馈工作的效果和效率。

第三节　高等职业教育教学质量检测实践中的问题与挑战

一、教学质量检测实践中遇到的问题

在高等职业教育的教学质量检测实践中，往往会遇到一系列问题，这些问题不仅影响了检测的有效性和准确性，也阻碍了教学质量的持续提升。以下从四个方面分析教学质量检测实践中遇到的问题：

（一）检测标准与方法的挑战

教学质量检测的首要问题是如何确立科学、合理的检测标准和方法。在高等职业教育中，由于学科门类众多，不同专业的教学目标和要求各异，导致难以制定统一的检测标准。同时，现有的检测方法往往侧重于量化评价，难以全面反映教学质量的多维度特征。此外，检测方法的实施也面临诸多挑战，如数据收集的难度大、评价工具的不完善等，这些问题都影响了教学质量检测的准确性和有效性。

为了解决这一问题，需要深入研究各专业的教学特点，制定符合专业实际的检测标准。同时，应积极探索多元化的评价方法，如引入质性评价、过程性评价等，以全面反映教学质量。此外，还应加强评价工具的研发和完善，提高数据收集的效率和准确性。

（二）教师参与度与认识的局限

教师作为教学质量检测的重要参与者和执行者，其参与度和认识水平对检测效果具有重要影响。然而，在实际操作中，往往存在教师参与度不高、对检测工作缺乏足够认识等问题。这可能与教师对教学质量检测的意义和作用理解不够深入、对检测工作的具体操作流程不熟悉等因素有关。

为了提高教师的参与度和认识水平，需要加强教学质量检测的宣传和培训工作。通过组织专题讲座、研讨会等形式，向教师介绍教学质量检测的重要性、目的和方法，提高他们对检测工作的认识和理解。同时，还应建立激励机制，鼓励教师积极参与检测工作，如将检测结果作为教师绩效考核的重要指标之一。

（三）学生反馈的收集与利用

学生是教学活动的直接受益者，他们的反馈对改进教学具有重要意义。然而，在实际操作中，学生反馈的收集和利用往往存在困难。一方面，学生可能由于各种原因不愿意或无法提供真实、有效的反馈。另一方面，即使收集到了学生反馈，也可能因为缺乏有效的处理机制而无法得到充分利用。

为了解决这一问题，需要加强与学生之间的沟通和交流，建立良好的反馈机制。可以通过设置匿名评价、定期收集学生意见等方式，鼓励学生提供真实、有效的反馈。同时，还应建立反馈处理机制，对收集到的学生反馈进行及时、有效的处理和分析，为教学改进提供有力支持。

（四）检测结果的解释与应用

教学质量检测的最终目的是为教学改进提供依据。然而，在实际操作中，往往存在对检测结果解释不准确、应用不充分等问题。这可能与检测结果的复杂性、多样性以及教学改进的难度有关。

为了准确解释和应用检测结果，需要加强对检测结果的深入分析和研究。这可以通过组织专家评审、开展专题讨论等方式，对检测结果进行深入剖析和解读。同时，还应根据检测结果制定具体、可行的改进措施，并加强对改进措施实施情况的监督和评估，确保教学质量得到持续提升。

二、问题产生的原因与影响分析

在高等职业教育的教学质量检测实践中，所遇问题的产生并非偶然，它们背后往往有着复杂的原因，并且这些问题对教学质量的提升以及整个教育体系的健康发展都会产生深远影响。以下从四方面对问题产生的原因与影响进行分析：

（一）制度设计与执行不足

教学质量检测在高等职业教育中往往受到制度设计与执行不足的影响。制度设计方面，缺乏全面、系统的检测体系，导致检测标准模糊、方法单一，无法全面反映教学质量的多维度特征。同时，制度执行不力也是问题产生的重要原因。部分学校或部门对教学质量检测的重要性认识不足，导致检测工作流于形式，无法真正发挥其应有的作用。

这种制度设计与执行不足对教学质量产生了负面影响。一方面，由于缺乏有效的检测机制，教学质量难以得到及时、准确的反馈，从而阻碍了教学改进的步伐。另一方面，制度执行不力也导致了教学资源的浪费和效率低下，进一步加剧了教学质量的问题。

（二）教师角色与定位模糊

在高等职业教育中，教师的角色与定位模糊也是导致教学质量检测问题产生的重要原因。一方面，部分教师将教学质量检测视为一种额外的负担，缺乏主动性和积极性参与其中。另一方面，由于教师角色定位不明确，导致他们在教学中往往只关注知识的传授，而忽视了对学生综合素质的培养。

教师角色与定位模糊对教学质量的影响主要体现在两个方面。一方面，它导致了教学质量检测的参与度低，检测结果的真实性和有效性受到质疑。另一方面，由于教师在教学中忽视了对学生综合素质的培养，导致学生的综合素质无法得到全面提升，从而影响了教学质量的整体提升。

（三）学生参与度与反馈机制缺失

学生是教学活动的主体，他们的参与度和反馈对教学质量的提升具有重要意义。然而，在高等职业教育中，学生参与度低、反馈机制缺失是教学质量检测问题产生的重要原因之一。一方面，由于学生对教学质量检测的认识不足，缺乏主动参与的积极性。另一方面，现有的反馈机制往往存在缺陷，导致学生反馈无法得到有效利用。

学生参与度与反馈机制缺失对教学质量的影响主要体现在以下几方面：

（1）它导致了教学质量检测的片面性，无法全面反映学生的需求和期望。

（2）由于缺乏有效的反馈机制，学生的问题和需求无法得到及时解决，从而影响了学生的学习兴趣和积极性。

（3）由于学生的参与度低，他们在教学中的主体地位无法得到充分体现，进一步加剧了教学质量无法持续提升等问题。

（四）资源投入与配置不均

资源投入与配置不均也是导致高等职业教育教学质量检测问题产生的重要原因。一方面，由于教育资源的有限性，导致部分学校或专业在资源投入上存在差异。另一方面，资源配置的不合理也导致了教学资源的浪费和效率低下。

资源投入与配置不均对教学质量的影响主要体现在以下几方面：

（1）它导致了教学质量检测的不公平性，使得部分学校或专业在检测中处于不利地位。

（2）由于资源投入不足，部分学校或专业在提高教学质量方面面临诸多困难。

（3）资源配置的不合理性也导致了教学资源的浪费和效率低下，进一步影响了教学质量。

三、应对挑战的策略与方法

在高等职业教育中，面对教学质量检测实践中所遇到的挑战，需要采取一系列策略与方法来应对，以确保教学质量检测的准确性和有效性，促进教学质量的持续提升。以下从四方面分析应对挑战的策略与方法：

（一）完善制度设计与执行机制

面对制度设计与执行不足的问题，需要从制度层面入手，完善教学质量检测的制度设计与执行机制。首先，要建立健全教学质量检测体系，明确检测标准和方法，确保检测工作的全面性和系统性。同时，还要加强对检测工作的监督和评估，确保制度得到有效执行。

在完善制度设计与执行机制的过程中，可以借鉴国内外先进的教学质量检测经验，结合高等职业教育的特点和实际情况，制定符合自身发展的检测标准和方法。同时，还要加强与教师的沟通和交流，听取他们的意见和建议，确保制度设计的科学性和合理性。

此外，还可以通过建立激励机制和约束机制，提高教师和学生的参与度和积极性。例如，将检测结果作为教师绩效考核的重要指标之一，将学生的参与度和反馈意见作为教学改进的重要依据等。

（二）明确教师角色与定位

针对教师角色与定位模糊的问题，需要明确教师在教学质量检测中的角色与定位。首先，要加强教师的培训和指导，提高他们对教学质量检测的认识和理解，增强他们的主动性和积极性。同时，还要明确教师在教学中的职责和任务，引导他们关注学生的综合素质培养，而不仅仅是知识的传授。

在明确教师角色与定位的过程中，可以通过组织专题讲座、研讨会等形式，向教师介绍教学质量检测的重要性、目的和方法，提高他们的认识水平。同时，还可以建立教师交流平台，分享教学经验和检测经验，促进教师之间的互相学习和提高。

此外，还可以通过建立教学质量监测小组或委员会等机构，明确教师的职责和任务，确保他们在教学质量检测中发挥积极作用。

（三）加强学生参与度与反馈机制建设

针对学生参与度低、反馈机制缺失的问题，需要加强学生参与度与反馈机制建设。首先，要加强与学生的沟通和交流，了解他们的需求和期望，引导他们积极参与教学质量检测工作。同时，还要建立健全学生反馈机制，确保学生的反馈能够得到有效利用。

在加强学生参与度与反馈机制建设的过程中，可以通过设置匿名评价、定期收集学生意见等方式，鼓励学生提供真实、有效的反馈。同时，还可以建立学生代表制度或学生议事会等机构，让学生参与教学质量检测工作的决策和实施过程中。

此外，还可以通过加强学生的培训和教育，提高他们的认识水平和参与能力。例如，可以组织学生参与教学质量检测的培训课程或实践活动，让他们了解检测工作的目的和方法，提高他们的参与度和积极性。

（四）优化资源投入与配置

针对资源投入与配置不均的问题，需要优化资源投入与配置。首先，要根据不同学校、专业的实际情况，合理分配教学资源，确保教学质量检测的顺利进行。同时，还要加强对教学资源的监管和管理，防止教学资源的浪费和滥用。

在优化资源投入与配置的过程中，可以建立教学资源共享平台或机制，促进不同学校、专业之间的资源共享和合作。同时，还可以加强对教学资源的评估和监测，确保资源的有效利用和合理配置。

此外，还可以通过引入市场机制和社会力量，拓宽教学资源来源渠道，提高教学资源的投入和使用效率。例如，高校可以与企业合作开展实践教学活动，利用企业的设备和场地等资源进行教学活动；又如，还可以引入社会资金支持教学质量检测工作，提高检测工作的专业性和准确性。

四、持续改进与优化的措施

在高等职业教育中，教学质量检测的持续改进与优化是确保教学质量稳步提升的关键。下文从四个方面分析持续改进与优化的措施，以期建立一个动态、高效的教学质量提升体系。

（一）建立定期评估与反馈机制

为了持续改进教学质量检测工作，需要建立定期评估与反馈机制。这一机制旨在定期对教学质量检测工作进行全面评估，收集各方面的意见和建议，及时发现问题和不足，并提出改进措施。通过定期的评估与反馈，可以及时了解教学质量检测工作的运行状况，确保其始终处于有效运行的状态。

在实施定期评估与反馈机制时，可以采取多种方式，如组织专家评审、开展学生满意度调查、收集教师反馈等。这些方式能够全面、客观地反映教学质量检测工作的实际情况，为改进工作提供有力支持。同时，还需要建立有效的反馈渠道，确保收集到的意见和建议能够及时、准确地传达给相关部门和人员，以便及时采取措施进行改进。

（二）加强教学质量检测队伍建设

教学质量检测队伍是确保教学质量检测工作有效运行的关键。因此，需要加强教学质量检测队伍的建设，提高其专业素养和工作能力。具体来说，可以通过组织培训、交流学习等方式，提高检测人员的专业技能和知识水平；同时，还可以建立激励机制，鼓励检测人员积极参与工作，提高工作积极性和创造性。

此外，还需要加强教学质量检测队伍的协作与沟通。通过加强内部沟通和协作，可以更好地发挥团队的力量，共同解决工作中遇到的问题。同时，还需要与其他相关部门和人员建立紧密的合作关系，形成合力，共同推动教学质量检测工作的持续改进与优化。

（三）创新教学质量检测手段与方法

随着科技的发展和教学方法的不断更新，需要不断创新教学质量检测手段与方法，以适应新的教学环境和需求。具体来说，可以利用大数据、人工智能等先进技术，对教学质量进行智能化、精准化的检测；同时，还可以引入新的评价理念和工具，如形成性评价、发展性评价等，以更全面地反映教学质量的多维度特征。

在创新教学质量检测手段与方法时，需要关注新技术和新方法的发展趋势，及时了解和掌握最新的研究成果和实践经验。同时，还需要结合高等职业教育的特点和实际情况，选择适合自身发展的检测手段和方法。通过不断的探索和实践，可以逐步建立起符合高等职业教育特点的教学质量检测体系。

（四）加强教学质量文化建设

教学质量文化是教学质量检测工作持续改进与优化的重要保障。因此，需要加强教学质量文化建设，营造一种积极向上、追求卓越的教学质量氛围。具体来说，可以通过开展各种形式的宣传教育活动，提高师生对教学质量的重视程度和认识水平；同时，还可以建立教学质量奖励机制，表彰在教学质量方面做出突出贡献的师生，激发教师的工作热情和学生的创造力。

在加强教学质量文化建设时，需要注重师生的共同参与和互动。通过师生之间的交流和互动，可以更好地了解彼此的需求和期望，为教学质量检测工作的改进与优化提供有力支持。同时，还需要注重教学质量文化的传承和发展，将其作为高等职业教育的重要组成部分进行长期建设和推广。

参考文献

[1] 崔岩 . 高等职业教育改革发展研究 [M]. 北京：北京理工大学出版社，2022：268.

[2] 杜方敏，陈慧 . 中国高等职业教育 "走出去" 的探索与实践 [M]. 北京：经济日报出版社，2022：222.

[3] 黄平平 . 高等职业教育价值认同研究 [M]. 成都：四川大学出版社，2023：120.

[4] 邵锦秀 . 高等职业教育与教学改革研究 [M]. 哈尔滨：北方文艺出版社，2022：222.

[5] 柴蓓蓓 . 信息时代下高等职业教育发展 [M]. 长春：吉林出版集团股份有限公司，2021：170.

[6] 汤晓军 . 中国高等职业教育国际化研究 [M]. 苏州：苏州大学出版社，2021：235.

[7] 沈怡玥 . 高等职业教育理论与发展新探索 [M]. 北京：中国书籍出版社，2021：255.

[8] 赵楠，禹红，战丽娜 . 新时代高等职业教育教学改革探索与实践研究 [M]. 郑州：黄河水利出版社，2022：138.

[9] 周建松 . 高等职业教育高质量发展研究 [M]. 杭州：浙江大学出版社，2021：411.

[10] 涂凯迪 . 高等职业教育管理理论与实践创新探索 [M]. 长春：吉林人民出版社，2022：134.

[11] 何谐 . 我国高等职业教育学位制度构建研究 [M]. 重庆：重庆大学出版社，2021：262.

[12] 陈正江 . 中国特色高等职业教育发展与政策研究 [M]. 杭州：浙江工商大学出版社，2021：277.